一球二無

공 하나에
다름은 없다.

김성근이다

김성근이다

감독으로 말할 수 없었던 못다한 인생 이야기

김성근 지음

다산
라이프

나는 야구를 통해 인생을 배웠다.

이겨야 하는 승부의 세계에서
감독으로 살아오면서
인생을 어떻게 살아야 하는지
깨닫게 되었다.

나는 늘 절실했고, 배가 고팠다.

이기기 위해서가 아니라
지지 않는 야구를 하고 싶었다.
끝끝내 이기는 야구를 하고 싶었다.
그래서 하루하루 혹독하게
나를 만들어나갔다.

야구는 늘 나에게 어마어마한 것을
가르쳐주었다.
이제 됐다 싶으면 언제든 내가 가야 할
더 먼 곳을 보여주었다.

수많은 문제가 생기고,
그것을 헤쳐나가고,
누군가를 최고로 만들기 위해
길을 찾아가면서
나 자신도 한발씩 앞으로 나아갔다.

그 과정에서 끊임없이
나를 단련시킬 수 있었다.

신념을 가지고 자신의 길을 개척하는 것,
그 길 위에서 나 자신과 세상과 싸우며
강한 나를 만들어가는 인생이
아름답다는 것을 배웠다.

인생에서 가장 두려워해야 할 것은
세상에서 내가 없어지는 일이라는 것을
알게 되었다.

들어가는 말

　　SK 와이번스 감독을 그만두고 나서 3개월이 지났다. 이런 말이 결례일 수 있겠지만 팀을 떠나고 나서 크게 미련이 없다. 팀에 있을 때 진심을 다해 전력투구를 했기 때문이다. 또 하나는 하도 많이 잘려서 이제 익숙하지 않나 싶다. 생각보다 담담하게 지냈다. 대학에 가서 학생들 야구도 가르치고, 강의도 하고 그랬다. 몇 년 만에 피 말리는 승부의 세계를 떠났으니, 이참에 좀 쉬어보자 마음을 먹고 일본에 가서 사람도 만나고 생각도 정리했다. 좋은 점도 있지만, 조금 서글픈 느낌이 있다. 그동안 승리해야겠다는 일념으로 하루하루를 살았는데, 그게 없어지니까 저녁이 되면 '오늘 하루도 갔구나' 하는 생각이 든다.

우리 집에는 고양이가 네 마리 있다. 키우는 건 아니고 동네 고양이들인데 우리 집에서 민박을 하고 있다. 와서 자라고 작은 집을 만들어줬는데, 여름용하고 겨울용 두 개가 있다. 틈틈이 사료도 갖다 놔주고, 물도 주고 한다. 하루는 집 안에서 고양이들을 보고 있는데, 저쪽에서 비둘기 한 마리가 사료를 먹으려고 다가오고 있었다. 그런데 이쪽에서 고양이가 비둘기를 노리고 있는 게 보였다. 어떻게 하나 싶어서 고양이한테 야, 야 소리를 쳤는데 꼼짝을 안했다. 할 수 없이 신발을 신고 나갔다. 고양이가 비둘기한테 덤비면 던지려고 작은 돌 몇 개를 주워서 손에 들고 있었다. 그렇게 걔들을 보고 서 있는데 이런 생각이 들었다.

'얘들도 살려고 하는 절실함 속에서 살고 있구나, 위험을 무릅쓰고 살고 있구나……'

그런데 사람들은 어떤가. 저 조그만 것들도 저렇게 사는데, 사람들은 안전하게 살려고만 한다. 위험을 무릅쓰면서 도전하고 노력하는 게 아니라 어떻게든 위험 속에 들어가지 않으려고 한다. 안전함 속에서만 살려고 한다.

야구에서 많이 쓰는 말 중에 '핀치는 찬스다'라는 말이 있다. 위험이 오히려 찬스라는 말이다. 역경은 사람을 키워준다. 강하게 만들어준다. 나는 스물여덟 살에 감독 생활을 시작해서 40년을 한 길만 걸어왔다. 뒤돌아보면 많은 역경 속에서도 나 김성근으로 살아오지 않았나 생각한다. 그런 면에서 후회가 없다.

인간이라는 존재는 불완전할 때 기회를 얻는다. 완전하려고 노력하는 그 자체가 바로 기회다. 그걸 기회라고 생각해서 발전하려고 노력하는 사람은 성공하게 돼 있다. 벼랑 끝에 몰렸을 때 살 방법은 스스로 길을 내는 방법밖에 없다. 그 길을 내는 과정에서 새로운 아이디어가 나오고, 자신의 잠재 능력이 발휘된다. 나는 인간은 그만한 능력을 갖고 있다고 믿는다. 그러니까 열심히 살아야 한다고 생각한다.

내가 감독을 하면서 가장 중요하게 생각한 것은 내가 할 일, 내가 해야 할 일을 하는 것이었다. 그래서 언론이나 구단에 신경 쓰지 않고 내가 가야 할 길을 걸었다. 사람이 자꾸 옆을 보면 신경 쓸 게 많아지고, 자신도 모르게 옆 사람에 맞춰가게 된다. 자신의 뜻이 아닌 남의 뜻에 맞추면서 살게 되는 것이다.

내가 SK를 떠나 느낀 것이 있다. 승부의 세계에서 살 때는 몰랐는데, 팀을 나와 일반인이 돼서 보니까 가는 곳마다 나를 사랑과 관심으로 아껴주는 사람들이 많았다. 나이 많은 분들도 나를 환영해주시고, 열심히 사는 모습을 보면서 힘을 얻었다고, 감사하다고 말씀을 해주셨다. 그런 것을 보면서 내가 헛살지는 않았구나, 인간이 전력투구를 하면 그 가치를 알아주는구나 싶어서 가슴 깊이 감사한 마음이 들었다. 지금까지 내가 세상과 싸우며 살아오면서 많은 비판을 받기도 했지만, 처음부터 세상과 타협하면서 살았다면 오히려 지금 더 큰 비난을 받지 않았을까 싶다.

내가 야구를 통해 하고 싶은 말은 딱 하나다. 사람은 생각하는 대로 살 수 있다는 것. 하겠다는 뜻만 있으면 어떤 역경 속에서도 이룰 수 있다는 것. 스스로 한계라고 생각했던 것을 뛰어넘고, 다음에는 더 큰 목표를 세우고, 다시 한계를 만나고, 그것을 뛰어넘으면서 큰사람으로 성장해나가는 것. 그것이 가치 있는 삶이라는 것을 말하고 싶다.

평생 남이 닦아놓은 길만 따라갈 게 아니라면 자신이 새로운 길을 내야 한다. 누군가 그 길을 뒤따라온다면 그걸로 됐다. 그것만으로도 충분히 의미 있는 일이다.

김성근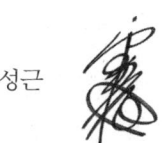

차례

들어가는 말 16

1장 혼자 먹는 밥 : 외로워야 리더다

아버지의 눈물 한 방울에는 비정함이 있다 24
시련을 주는 마음 29
외롭다면 외롭다 36
언제나 위기에서 시작했다 41
희생이 아니다 47
우리 야구하자, 나머지는 내가 알아서 한다 59
지금부터 뛰자! 64

2장 우리 좋아하는 야구 오래 하자 : 혹독한 훈련을 견디는 이유

왜 이렇게 많은 땀을 흘려야 할까 78
손 내밀면 주저앉을까봐 88
우리 좋아하는 야구 오래 하자 96
끝까지 하겠습니다 104
언제든 다시 질 수 있다 110
나와의 약속이 필요했다 114

3장 고맙다, 미안하다 : 기쁨과 슬픔은 하나다

버림으로써 지키는 것이다 124
야구 하기 싫은 날 132
순한 마음 142
사람을 얻으면 우승은 덤이다 149
마지막 무대의 두근거림 155
30년 전 그날 161

4장 나답게 싸우고, 나답게 물러날 뿐이다 : 끝끝내 이기는 야구, 그리고 인생

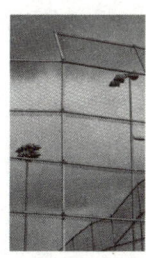

나는 믿는다 172
세상에 버릴 사람은 없다 180
안간힘이 두려움을 뛰어넘게 한다 187
두려운 건 기다림이 아니다 195
끝끝내 이기는 야구, 그리고 인생 204

1장

혼자 먹는 밥

외로워야 리더다

아버지의 눈물 한 방울에는 비정함이 있다

프로 감독이 된 이후로 나는 선수들과 밥을 먹지 않는다. 차 한 잔을 마시는 일도 없다. 심지어는 잘 쳐다보지도 않는다. 아마추어 감독일 때는 선수들이 우리 집에 자주 드나들었다. 밥도 해서 같이 먹고, 정도 나눴다. 프로 감독이 되고 나서 선수들과 사적인 정을 끊은 이유는 선수들이 성장하는 데 방해가 될 수 있어서다. 선수를 최고로 성장시키려면 힘든 연습을 이겨내야 하는데, 감독과 선수가 사적으로 정을 나누면 정신력이 약해지게 돼 있다. 위기를 돌파해야 하는 결정적인 순간에 쉽게 한발 물러선다. 뭐가 안 되면 핑계 대기 바쁘고, 문제가 있어도 웃으면서 넘어가버린다. 감독의 사사로운 정 때문에 선수들의 미래가 어두워지는 것이다. 그래서 나는 선수들과 차 한잔 마시는 것도, 사적인 이야기를 나누는 것도 자제한다. 차 한 대를 같이 타고 가면서도 선수들과 이야기 나누는 법이 없다. 혹시라도 감독님과 친근하게 이야기를 나눴다는 것에 쓸데없는 우월감을 갖게 될까봐 말을 아낀다. 그런 생각이 선수를 망치면 그 책임을 어떻게 질 것인가.

내가 인천 송도에 살 때 얘기다. 집 근처 맥줏집에서 술을 마시고 있는데 은퇴한 강혁 선수를 우연히 만났다. 그때는 감독과 선수 사이가 아니니까 우리 테이블에서 잠깐 이야기를 나눴다. 그러다가 강혁이 "감독님, 제가 진짜 궁금한 게 있는데요. 감독님 식사 어떻게 하셨어요?" 물었다. 같이 있던 사람들이 다 웃었다. 나는 "뭘 어떻게 해, 젓가락으로 먹었지" 했다.

실제로 내가 감독으로 있는 동안 선수들은 내가 밥 먹는 모습을 볼 일이 거의 없다. 중간에 은퇴하는 선수가 있어서 회식 자리 같은 게 있지 않으면 볼 일이 없다.

내가 어렸을 때는 학교 선생님이 무섭고 어려운 대상이었다. 밥도 안 먹고, 화장실도 안 갈 것 같았다. 뭔가 신비감이 있었다. 나는 선수들에게 그런 감독이 되려고 한다. 감독은 그런 존재여야 하지 않나 싶다. 함께 밥도 먹고 어울리면서 마음도 나누고 싶지만, 선수들에게 그렇게 친근한 감독이 돼버리면 내가 생각한 감독의 존재는 무너지고 만다. 나의 야구를 펼치고, 선수들이 계속해서 생명력을 갖는 야구를 하기 위해 내가 선택한 길이다. 그 길에서 생기는 모든 책임 또한 내가 가져왔다.

나는 선수들에게 아버지가 되려고 한다. 매우 엄격하게 대하고 혹독하게 연습시킨다. 왜 그렇게밖에 못하냐고, 병신같이 쓰러진다고, 당장 일어나라고 소리친다. 도저히 더는 못 할 때까지 연습을 시키고 나서야 "됐다"라고 말한다. 칭찬에도 인색하다.

할아버지에게는 손주지만 아버지에게는 자식이라 그렇다. 모든 선수들이 나한테는 다 자식이다. 내 아들이다. 할아버지는 정에 약해서 손주가 어리광을 부리고 나쁜 습관을 반복해도 허허 웃는다. 넘어지면 얼른 손을 잡아 일으켜 세워준다. 다음에 또 넘어졌을 때 손주는 일으켜주길 기다린다. 하지만 아버지는 다르다. 넘어진 자식을 보고 있어야 한다. 마음은 아프지만 그렇게 해야 자식이 자립한다.

아버지가 하는 말은 평상시에도 그렇지만, 위급할 때 가장 묵직한 힘을 발휘해야 한다. 그러기 위해서는 사사로운 정에 이끌리면

운동장에서 펑고를 1,000개, 2,000개 친 날은
선수들도 그렇지만 나 역시 힘이 든다.
연습을 끝내고 방에 들어서는 순간 쓰러져버리고 만다.
하지만 연습하는 동안에는 절대로 힘든 티를 내지 않는다.
내가 힘들면 선수들이 견뎌낼 수 없기 때문이다.

안 된다. 아버지가 없어도 저 혼자 이 세상을 살아갈 수 있게 만들어야 하기 때문이다. 이것이 아버지가 갖는 책임이다. 나는 책임은 지려고 있는 게 아니라 주어지는 거라고 생각한다. 아버지에게 주어진 책임은 혹독한 의무와 같다.

시련을 주는 마음

나는 겉으로는 냉정해 보여도 속은 그렇지 못하다. 오히려 정이 많다. 내가 감독을 하면서 부족한 것 중 하나가 정이 많아서가 아닐까 싶다. 속마음을 다 표현할 수 없으니까 혼자서 다 흘려보내야 하는데 그게 힘들 때가 있다. 선수를 강하게 만들려면 아프면 아프다, 힘들면 힘들다, 잘했으면 잘했다고 다 말해버리면 안 된다.

사적인 정이 있어 그것을 떼기 위해 더 차갑게 대했던 선수가 바로 김재현이다. 김재현은 카리스마가 있고, 자신에 대한 자부심이 강하다. 스케일이 크다. 컨트롤하기 쉽지 않다. 욕심도 남달라서 여러 면에서 한 단계 높은 데 있는 선수다. 예의도 있지만 자존심이 강해서 나한테 혼도 많이 났다.

2007년이 되면서 김재현은 좀처럼 제 실력을 발휘하지 못했다. 팀의 최고참임에도 불구하고 제 몫을 하지 못하고 있었다. 4월 10일, 문학구장 개막식 삼성과의 경기에서 나는 김재현을 8회 대타로 기용했다. 하지만 김재현은 힘 한 번 제대로 써보지도 못하고 삼진을 당한 채로 내려왔다. 덕아웃으로 들어온 김재현은 혼자서 씩씩거렸다. 무슨 심정인지 잘 안다. 감독이 저한테 기회를 제대로 주지 않았다는 표현이다. 경기의 흐름상 승패가 이미 정해져 있었고, 주자도 없는 상황에서 선발이 아니라 대타로 기용되는 것이 팀의 고참으로 용납할 수 없는 것이다. 자존심도 강하고 승부욕도 강한 김재현이었다. 나는 그걸 다 알면서도 씩씩대고 있는 김재현에게 기다렸다는 듯이 말했다.

"너 이따위로 하려면 야구 하지 마라."

팀의 최고참을 일대일도 아니고 모두가 보고 있는 상황에서 심하게 질책한 것이다. 내 마음도 좋지가 않았다. 얼마나 자존심이 상할까 가슴이 아팠다. 그런데 바로 이 순간이 SK 야구에서 가장 중요한 순간이 돼주었다. 이 일이 있은 후로 김재현뿐만 아니라 팀 전체의 분위기가 잡힌 것이다. 완전히 바뀌었다. SK는 그날 삼성에게 6-5로 지고, 그다음 경기에서 7-1로 이긴 후에 연승가도를 달렸다. 6연승을 했다. 김재현을 야단치고 일주일 만에 1위로 올라섰다. 이것은 실력이 늘었다는 문제가 아니라 야구를 하는 태도의 변화였다. 진지해진 것이다. 선수들은 한 번 더 생각했다. 한 번 더 고민하고 몸을 움직였다. 또 자기만 생각하지 않고 팀을 생각하기 시작했다.

사실 김재현과 나는 무척 가까운 사이다. 2002년 LG 감독에서 물러난 뒤 김재현과 제주도에서 만나 술을 먹은 적이 있다. 그때는 감독과 선수 사이가 아니었으니 흔쾌히 김재현과 만났다. 그때 약속 장소에 가니까 김재현이 복집 하나를 통째로 빌려서 엄청난 양의 음식을 준비해 놓고 있었다. 나중에 얘기를 들으니 100만 원이나 들였다고 했다. 나는 그날 김재현이라는 사나이의 스케일을 다시 한번 알게 됐고, 이후로는 말하지 않아도 통하는 것들이 있었다.

그런데 나중에 다시 감독과 선수로 만나게 됐을 때 오히려 그것이 문제가 됐다. 나와 김재현 사이에 있는 사사로운 감정이 야구를 하는 데 방해가 됐다. 야구를 하기 위해서 감정을 정리해야 할 때가

온 것이다. 나는 김재현이 실수할 때 일부러 더 차갑게 대하고 질책도 심하게 했다.

내 속마음은 김재현이 변화되길 바라고 있었다. 내가 볼 때 김재현은 아직 한참은 더 성장할 수 있는 선수였다. 제 실력을 발휘하려면 아직 한참 더 남아 있었다. 내 믿음은 거기에 있었다. 또 하나는 팀의 최고참이라는 점은 인정해도 자기 관리를 철저하게 하지 못하면 김재현 같은 대선수도 감독에게 혼날 수 있다는 점을 다른 선수들에게 확인시키려는 것이었다. 다른 선수들이라고 해서 김재현과 나와의 관계를 모를 리 없다. 모두가 똑같은 조건에서 오직 실력으로 경쟁하는 곳이 프로 야구라는 것을 일깨워줘야 했다. 김재현도 그런 내 마음을 알고 있었다. 나의 질책을 아무 말 없이 받아냈다.

그 뒤로도 김재현의 페이스는 잘 올라오지 않았다. 언제까지 기다려야 할까. 내가 언제까지 기다릴 수 있을까……. 다행히 SK의 젊은 선수들이 하루가 다르게 달려나가고 있었지만, 내 마음 한쪽에는 여전히 김재현이 남아 있었다. 김재현은 2007년 시즌 동안 두 번이나 2군을 들락거렸고, 1군에 와서도 여러 번 벤치 신세를 졌다. 최종 시즌 타율 1할 9푼 6리. 한마디로 최악의 성적이었다. 하지만 나는 김재현을 포기하지 않았다. 2007년 한국시리즈. 나는 시즌 내내 컨디션 난조를 보였던 김재현을 최종 엔트리에 올렸다. 큰 경기에 강한 승부사적 기질과 LG 시절에 겪었던 한국시리즈 경험이 팀에 큰 도움이 될 거라고 믿었다. 김재현은 분명 살아날 것이다. 어떻게 해서라도 내가 그렇게 만들 생각이었다. 김재현은 순간적인 임팩트를 줄 수 있는 선수다. 리더는 선수의 경험을 살릴 수 있어야 한다. 그 선수가 가지고 있는 경험을 믿어주고, 그것을 적재적소에 활용해야 한다.

결국 내 믿음에 보답이라도 하듯 김재현은 한국시리즈 여섯 경기 중 다섯 경기에 출전해 3할 4푼 8리, 2홈런 4타점 5득점으로 맹활약했다. 그리고 5차전의 결승 3루타 등 기대를 저버리지 않고 한국시리즈의 MVP가 됐다. 한국시리즈가 SK의 우승으로 끝난 뒤 한 인터뷰에서 나는 말했다.

"언제나 끝이라고 생각했던 곳에서 살아 돌아와 준 재현이에게 고맙다."

살아 돌아와줘서 무척 기뻤다. 김재현에 대한 내 믿음이 잘못된 게 아니라는 걸 보여줘서 고마웠다. 김재현 역시 "끝까지 포기하지 않고 믿어주신 감독님께 감사한다"고 말했다.

김재현은 LG 시절에 고관절 수술을 했다. 그때 내가 병원에 갔는데 침대에 누워서도 아령 운동을 하고 있는 걸 보고 깜짝 놀랐다. 다리 수술도 보통 사람이라면 한쪽 다리를 먼저 하고 그 성공 여부를 확인한 다음에 다른 쪽 다리도 수술할 것이다. 김재현은 한쪽이 끝나자마자 바로 다른 쪽 수술을 들어갔다. 그때 내가 느낀 게 '참 대단한 선수다'였다.

　2007년 봄, 고치 캠프에서였다. 김재현이 계약 문제로 구단과 마찰이 생기면서, 나한테 다음 날 자신은 귀국을 하겠다고 했다. 나는 그때 김재현에게 "남자들끼리의 우정이 이것밖에 안 되냐"라고 했다. 그러니까 김재현은 더 생각도 안 하고 "내일 바로 계약하겠습니다"라고 말했다. 자신에게 불리한 조건임에도, 다음 날 바로 계약을 체결했다. 그리고 모든 것을 훌훌 털고 연습에 들어갔다. 김재현은 감독과 선수 사이의 신뢰가 얼마나 중요한지 알게 해준 친구다. 우리 사이에 존재하는 신뢰로, 내가 주는 시련을 다 받아내고 강한 의지로 스스로 성장해나갔다. 감독으로 사는 게 행복하다고 생각하게 해준 선수다. 얼마나 고마운지 모른다.

"너 이따위로 하려면 야구 하지 마라."
그렇게까지 심하게 말하지 않으면
김재현이라는 좋은 사람은 만날 수 있어도
김재현이라는 좋은 선수는
더 이상 만나지 못할 것 같았다.

외롭다면 외롭다

신년음악회에 초대를 받아서 간 적이 있다. 가보니까 내 앞줄에 대통령도 앉아 있고, 유명한 사람들이 많이 보였다. 나는 두 번째 줄에 앉아서 '음악도 잘 모르는데 나를 여기 왜 불렀나' 하고 앉아 있었다. 누가 감독 아니랄까봐 그 속에서도 나는 야구 생각을 했다. 야구 선수는 몇 명인데 연주자들은 몇 명이나 되나 세어봤다. 또 나는 저 지휘자처럼 선수들을 잘 이끌고 있나, 그런 생각도 들었다. 그런데 연주가 시작돼서 듣고 있으니 소리가 얼마나 좋은지 참 아름다웠다. 아, 사람들이 모여서 저렇게 아름다운 하모니를 만드는구나. 야구도 그래야 하는데. 내가 더 잘해서 저렇게 아름다운 팀을 만들어야겠다고 생각했다.

야구계에서 하도 쓴소리를 많이 하다보니까 나는 친한 사람이 별로 없다. 그런 면에서 외롭다면 외롭다. 우연히 TV에서 '세시봉'을 본 적이 있다. 힘 하나 들이지 않고 음악으로 하나가 되는 모습을 보니 가슴에 전해지는 게 있었다. 저 살아 있는 하모니를 만든 것은 그들 사이에 존재하는 믿음일 것이다. 사람이 살면서 다른 사람과 믿음으로 하나가 되는 것은 무척 어려운 일이다. 그런 건 하나의 업적이 아닌가 싶다.

세시봉을 보면서 나를 뒤돌아보니 나한텐 누가 있나 싶었다. 별로 없다, 사람이. 세시봉을 하나로 만든 것이 음악이면, 나한테는 야구여야 하는데……. 야구를 50년 했다는 말은 곧 라이벌만 남았다는 말과도 같다. 즐거움 속에서 만났으면 잘 어울릴 수도 있었을 텐데, 승부의 세계에서 만나다 보니 싸우게 됐다. 생각해보면 나는 지금까지 싸우면서 살아온 게 아닌가 싶다. 외로운 것을 떠나서 만나온 세월이 20년, 30년이 되는 친구가 있다면 얼마나 좋겠는가. 고생은 많이 했는데 그 지나온 시간을 이야기 나눌 만한 사람이 나한테는 없다. 나에게 야구가 없었다면 힘든 시간이 됐을 것이다.

리더는 외로운 자리다. 누구보다 치열하게 자기 관리를 해야 한

바보 같은 결론일지 몰라도
많은 생각 끝에 도착하는 곳은
항상 야구다.
내가 야구를 너무 좋아하니까 그렇다.

다. 모든 일에 앞장서야 하는 것은 기본이다. 나는 야구 빼면 생활이라는 것이 거의 없으니까 생활의 모든 부분을 철저하게 관리해야 한다. 또 감독이라는 자리는 절체절명의 순간에 혼자서 결단을 내려야 한다. 프런트도, 선수도, 구단 사장도 반대하는 길이지만 내 생각에 그 길이 옳다고 하면 끝까지 밀고 나가야 한다. 그리고 결과로 보여줘야 한다.

좋은 결과를 냈다고 해서 언제나 알아주는 것도 아니지만, 리더는 그런 것까지도 감내할 수 있어야 한다. 사람들은 결과를 이루기 위해 고군분투한 과정은 잘 생각하지 않는다. 내가 나서서 이렇게까지 했다 말할 수 있는 것도 아니다. 속에 쌓인 회한을 나눌 만한 사람도 없다. 그래서 세시봉이 나에게는 감동으로 다가오지 않았나 싶다. 저런 하모니가 야구에서도 가능하다면, 저런 신뢰로 맺어진 친구가 나한테 지금 있으면 얼마나 좋을까.

하지만 리더는 외로워야 한다. 외로운 게 리더다. 내일 아침 유니폼을 입고 운동장에 나가면 나는 또 야구 속에 빠져들 것이다. 선수들 정신 교육하고, 왜 정신 못 차리느냐, 왜 똑바로 야구 못 하느냐고 가르친다. 그게 김성근이다.

언제나 위기에서 시작했다

나는 집안이 어려워서 일본 야구의 명문 헤이안 고등학교에 가지 못했다. 형이 나에게 학비가 싼 곳으로 들어가는 게 좋겠다고도 했지만 나 역시 우리 집 형편을 잘 알고 있었다. 나는 좌절하지 않고, 야구만 할 수 있으면 된다는 생각으로 가쓰라 고등학교에 들어갔다. 1학년 때 처음으로 투수판에서 공을 던질 기회를 잡았는데, 그날부터 혼자서 밤늦게까지 훈련을 했다. 그때는 제대로 된 장비도, 맘껏 뛸 수 있는 운동장도 없었다. 훈련이라고는 돌멩이를 강에 던지는 게 전부였지만, 나는 날마다 해가 질 때까지 집에 가지 않았다. 그러면서 실력을 인정받게 됐고, 처음으로 경기에 나설 수 있었다.

그런데 타석에 들어서 안타를 쳤지만 발이 느려 자꾸 아웃이 됐다. 발을 빠르게 하려고 연습한 것이 내리막길을 내달리는 것이었다. 새벽 4시에 일어나 우유 배달 아르바이트도 했다. 자전거에 우유를 싣고 일부러 서서 자전거를 몰았다. 다리 힘을 키우기 위해서였다. 나는 어릴 때부터 문제점이 있으면 그걸 고치려고 바로바로 훈련에 돌입했다. 훈련을 하면 점점 나아지고 나중에는 완전히 고쳐지는 걸 몸으로 익혀갔다. 이런 과정을 반복하면서 어떤 문제든 해결할 수 있다는 자신감을 자연스럽게 갖게 됐다.

제대로 된 장비도,
맘껏 뛸 수 있는 운동장도 없이
해가 질 때까지
돌멩이를 강에 던지는 것이 전부였지만
야구를 하는 게 즐거웠다.

지금까지 나는 거의 성적이 최하위인 팀의 감독으로 들어갔다. 태평양이 그랬고 쌍방울이 그랬다. 지금은 아니지만 내가 부임할 당시의 삼성이나 LG도 마찬가지였다. OB 역시 원년 우승의 주역이었던 박철순이 빠진 뒤였다. 나를 필요로 하는 곳이 항상 이렇게 위기 속에 있었기 때문에 나는 항상 위기에서 출발해야 했다. 바닥에서부터 시작했다.

나는 늘 최악의 상황을 그린다. 그게 습관이 됐다. 가난하게 살았던 어린 시절부터 스스로 결단을 내리고 그것에 책임을 져야 했다. 프로 야구 감독이 되면서도 늘 결과로 말하고 책임을 져야 하니까 어떻게든 결과를 내기 위해서 악착같이 해오지 않았나 싶다. 현실이 최악이면 나는 그것보다 더 최악을 가정한다. 거기서부터 계획을 짠다. 거의 모든 것을 재창조한다고 해도 과언이 아니다.

나한테 위기관리를 어떻게 하느냐고 질문이 많이 들어오는데, 나는 위기관리라는 말 자체가 틀렸다고 생각한다. 위기가 왔을 때는 이미 늦은 것이다. 위기가 오지 않도록 미리 준비해놓고 있어야 한다. 2중, 3중으로 준비해야 한다.

SK에 있을 때 나는 1년을 계획하고 야구를 했다. 1년을 내다봤다. 선수별로 뛰는 시기를 다 정해두고 연습도 그 시기에 따라서 시켰다. 바로 쓸 선수, 나중에 쓸 선수를 따로 관리했다. 팀의 구성도 미국처럼 메이저리그와 트리플A, 더블A 사이의 실력 차이가 작게 만들었다. 우리나라 리그는 1군과 2군의 격차가 너무 크다. SK는

"현실이 바닥이라면
거기서부터 출발하면 된다."

그 차이가 크지 않았다. 준비를 했기 때문이다. 실력 이외에도 선수들의 몸 관리, 부상 관리 면에서 SK를 따라올 팀이 없었다.

2007년에 SK가 우승했을 때 나는 기쁜 마음보다 안도감이 더 컸다. 첫 우승이니 기쁨의 눈물을 흘려도 부족할 텐데 그렇지 않았다. 사람들은 우승을 했는데 뭐가 그렇게 불만이냐고 했다. 그때 내 심정은 '드디어 해냈구나' 하는 허탈감이었다.

정말 모든 것을 완전히 새롭게 짜서 그걸 가지고 선수들을 훈련시켜 왔다. 그 힘든 시간을 선수들이 견딘 결과가 우승이었다. 내 머릿속에는 우승하기까지의 고달프고 힘들었던 과정이 다 들어 있다. 우승을 하고도 기쁨보다 허탈감이 더 큰 건 그런 이유에서다.

우승했을 때는 기쁨보다
안도감이 먼저 든다.
내가 맞았구나,
옳게 왔구나 하는
안도감이다.

희생이 아니다

나는 자동차 운전면허가 없다. 야구에만 빠져 살아서 어느 순간 생각에 몰두하면 잘못 하다 사고가 날 수 있기 때문이다. SK에 있을 때 시합에서 진 날, 자전거를 타고 집에 가다가 길가 화단으로 고꾸라진 일이 있었다. 야구 생각하다가 눈앞에 길도 제대로 못 본 것이다. 나이 든 남자가 갑자기 화단을 들이받았으니 사람들이 쳐다볼까봐 얼른 일어나서 뒤도 안 돌아보고 빨리빨리 걸었다.

이렇게 하루 종일 선수를 생각하다보면 선수 자신보다 내가 더 많이 그 선수에 대해 생각하기도 한다. 어떻게 하면 이 선수를 최고로 만들 수 있을까, 그 생각 속에 선수들이 가야 할 길이 있기 때문이다. 그 길을 찾으려면 뭘 잘하고 있는지, 뭘 잘못하고 있는지, 무엇이 변화됐는지 알아야 한다. 관심을 가지고 아주 디테일하게 지켜봐야 한다.

원정 경기를 다녀와서 야간 테니스를 치는 코치들을 불러놓고 혼낸 적이 있다. 그 늦은 밤에 테니스 칠 시간이 있으면 그날 경기에서 실수를 범한 선수들을 데려다가 하나라도 더 가르치는 게 맞다고 생각했기 때문이다. 휴식 시간까지 관여하느냐고 할지 몰라도, 그런 식으로 야구에 올인하지 않는 코치들은 대부분 남아 있지 않다. 그게 현실이다.

책임은 자신에게 주어진 것이다. 사명감이라고도 할 수 있다.

2010년 한국시리즈에서 우승하고 나서 허리 디스크 수술을 받았다. 아무리 통증이 심해도 시리즈 중간에 감독이 자리를 비울 수는 없으니 미뤄뒀던 일이다. 시리즈는 우승으로 끝났지만 그렇다고 해서 마음이 편하지 않았다. 병원 침대에 누워서도 감독이라는 사람이 몸 관리를 못 해서 이러고 있으니 자책감과 미안함에 괴로웠다. 동계 훈련은 어떻게 하나, 선수들은 누가 챙기나, 오늘 연습은 잘하고 있나……. 모든 신경이 야구장에 가 있었다.

수술이 끝난 다음 날, 나는 병원 복도를 걷기 시작했다. 의사가 무리가 된다고 말렸지만 어쩔 수 없었다. 며칠 만에 퇴원을 해서도 걷기 연습을 계속했다. 버스를 타고 집에 가면서 원래 내려야 할 정거장보다 몇 정거장 앞에서 내렸다. 그런데 빨리 몸을 만들어야겠다는 생각만 앞서서 전날 눈이 왔다는 사실을 잊었다. 평소에는 20~30분이면 갈 길인데 미끄러지니까 두 시간이나 걸려서 집에 도착했다. 더 무리가 돼서 또 병원에 가야 하면 어쩌나 걱정이 되길래 정신력으로 버틸 수 있다고 마음을 단단히 먹었다.

그렇게 해서 며칠 만에 운동장에 나가 연습을 지켜볼 수 있었다. 오래 서 있는 게 힘들어도 벤치에 앉아 선수들 훈련 모습을 보는 것만으로도 마음이 편했다. 모든 걱정이 사라지는 것 같았다. 내가 아픈 몸으로도 운동장에 나와 있는 이유는 의무와 사명감도 연습이기 때문이다. 모든 선수들이 나를 보고 있고, 감독의 행동 하나하나가 선수들에게 다 영향을 주기 때문이다.

누가 나한테 휴식 시간에는 뭘 하냐고 하면, 나는 휴식 시간이 없다고 말한다. 1년 내내, 365일 야구 한다. 하루도 안 쉰다. 내 머릿속은 분리하는 게 불가능하다. 야구 하나로 꽉 차 있다. 집에서도 온통 야구 생각뿐이다. 삼성 감독 시절에는 이사 가는 집이 어딘지도 몰랐다.

나는 선수의 움직임 하나하나를 놓치지 않으려고 아주 세심하게 관찰한다. 그러다보면 어디가 조금만 아파도 알 수 있다. 평소와 움직임이 다른 선수를 불러서 물어보면 내 짐작이 맞다. 한번은 훈련을 지켜보는데, 3루수 최정의 송구 동작이 평상시와 약간 달랐다. 내가 봤을 때는 오른쪽 어깨가 조금 아파 보였다. 그걸 어떻게 알 수 있느냐 하면, 수비할 때 최정이 살짝 인상 쓰는 걸 봤기 때문이다. 1루로 공을 던질 때 미간에 주름이 잡히고, 동작도 소극적이었다. 불러서 얘기해보니 내가 예상한 대로 오른쪽 어깨가 아프다고 했다.

내 별명 중 하나가 '잠자리 눈'이다. 가만히 서서 사방을 다 본다고 붙여진 별명이다. 실제로 연습 때 내가 쳐다보고 있는 줄 알고 열심히 하거나, 반대로 내가 안 본다고 생각하고 요령을 피우는 선수가 가끔 있다. 열심히 하는 건 괜찮지만 요령을 피우다 걸리는 선수는 그날 쓰러질 때까지 연습해야 한다.

그것이 누구이든 본다는 것은 평상시에 그 사람을 기억하고 있다는 것이다. 그래야 뭐가 바뀌었는지, 왜 바뀌었는지, 그래서 앞으로 어떻게 할 건지가 나온다. 바로 여기에서 선수가 가야 할 길이 나온다. 나는 그 길을 찾아내야 한다.

하루 종일 내가 사랑하는 야구와
선수 한 명 한 명에 대해
깊이 생각하는 일은
내 인생의 가장 큰 기쁨이다.

잠자리 눈이라는 별명은 내가 쌍방울 레이더스 감독을 할 때 생겼다. 당시 선수들의 기량은 정말 바닥이었다. 뭐 이런 선수들이 다 있나, 야구 어떻게 하나 싶었다. 밑바닥 실력을 최고로 끌어올리려 다보니까 그런 눈이 생겼다. 그때는 정말 전력투구 차원이 아니라 생과 사의 갈림길에서 야구를 했다.

그런데 내가 감독으로 가장 기뻤을 때가 바로 이 시절이었다. 1996년에 감독을 맡아서 만년 꼴찌였던 팀을 리그 2위로 만들었다. 그건 정말 우승보다 더 값진 결과였다.

처음 쌍방울에 갔을 때, 팀은 하루하루 각종 연패 기록과 꼴찌 기록을 갈아치우고 있었다. 그땐 정말 아침에 눈 뜨고 밤에 잠잘 때까지 온종일 야구만 했다. 항상 꼴찌만 하니 도저히 그렇게 안 할 수가 없었다. 수많은 데이터를 분석하고 정리하고 완벽하게 내 것으로 만들었다. 경기를 보면서 수시로 기록을 했다가, 경기가 끝나면 하나씩 복기해가면서 철저하게 분석했다. 그 과정을 반복하면 어느 순간 형사가 범인을 잡는 것처럼 경기의 중요한 순간이 하나로 연결이 돼서 내 눈에 들어왔다. 비록 플레이오프에서 현대한테 지면서 한국시리즈 진출에는 실패했지만, 당시 쌍방울의 리그 2위는 최악의 조건에서 만들어낸 최선의 결과였다. 우승보다 몇 배의 가치가 있었다.

그런 과정 속에서 상대 타자도 읽혔다. 저 선수는 뭘 노리는구나, 직구구나, 바깥쪽이구나. 노릴 땐 어떤 자세로 노리고 있구나가 보였다. 그게 아주 순간의 움직임이다. 한순간의 미세한 움직임을 보고 느낌으로 간파해야 한다. 거기에 상대방 장점도 있고, 허점도 있다.

내가 OB 감독으로 있을 때 삼성과 싸우면 성적이 좋았다. 그럴 수 있었던 이유 중의 하나가 상대 포수 팔 근육의 움직임을 읽었기 때문이다. 사인은 주먹에서 시작되는데, 손가락을 펼 때 하나를 펴느냐 두 개를 펴느냐에 따라서 팔 근육이 달라진다. 그걸 읽어내니까 경기를 하면 결과가 좋았다.

LG 감독 시절에는 사인을 읽어서 이긴 적이 있다. 2002년 한국시리즈에서 삼성과 경기를 한 날이다. 그때 내가 진갑용 선수를 보고 있는데 순간 감지되는 게 있었다. 보통은 감독의 사인을 보기 위해서 벤치로 시선을 돌릴 텐데, 그날은 이상하게도 고개 각도가 살짝 달랐다. 약간 다른 방향을 향해 있었다. 이상하다 싶어서 그 방향을 따라가보니까 불펜에 있는 조범현 코치를 보고 있었다. 그리고 조범현은 우리 벤치를 보고 있었다. 아니나 다를까 내가 사인을 보

동작이라는 것은 눈에 들어오게 돼 있다.
한순간의 움직임을 느낌으로 간파하는 것,
그것이 능력이고 프로다.

내보니 그걸 조범현이 읽고 진갑용에게 알렸다. 나는 가짜 사인으로 상대 팀을 혼란시켜서 움직이지 못하게 했다. 상대의 작은 움직임을 캐치해서 경기를 승리로 이끈 것이다.

다른 팀 같으면 경기 당일 날 시합 직전에는 보통 무리한 훈련을 하지 않는다. 하지만 SK는 달랐다. 시합 시작 전까지 2~3시간 훈련을 하는 경우가 많았다. 예를 들어서 특타가 그렇다. 특타로 힘을 뺀 정근우는 경기에서 안타를 못 칠 수 있다. 하지만 안타를 못 친다고 하더라도 연습은 그날 하루를 보느냐, 앞으로를 내다보느냐에 따라 의미가 다르다. 나는 주로 후자가 많다. 또 연습은 팀의 정신력에 미치는 영향이 상당하다. 다른 선수들을 각성하게 만든다. 나도 불려가서 특타를 할까봐 각성하는 것이 아니라, 고되게 훈련한 정근우의 짐을 덜어주기 위해서라도 한발 더 뛰는 분위기가 만들어진다. 보통 투수들은 훈련 시간이 길지 않다. 김광현이 아침에 나와서 오후 2시면 들어간다고 했을 때, 정근우는 남아서 밤 11시, 12시까지 훈련한다. 이때 김광현은 더 열심히 던진다. 정근우의 몫까지 던지려고 하는 것이다.

어떻게 하면 이 선수를 지금보다 더 성장시킬 수 있을까. 어떻게 하면 더 최고로 만들 수 있을까. 그 고민을 계속하다보면 어느 순간 돌파구를 찾게 된다. 그 선수가 나갈 길을 발견하는 것이다. 나는 이것을 '발견의 순간'이라고 말하는데, 이 발견의 순간이 무척 즐겁고 신이 난다. 사실 그 단어 자체만 놓고 보면, 희생이라는 말은 너무 슬프다. 그런데 그 희생 속에 즐거움이 있기 때문에 슬프지 않은 것이다.

  그걸 찾기 위해 내 목을 걸고, 내 자리를 걸게 된다. 한 선수 한 선수의 미래가 그 길을 찾느냐 못 찾느냐에 달려 있다. 내 위치와 권위를 지키는 데 연연하면 아무 일도 할 수 없다. 전력투구할 수 없다. 전력투구도 하지 않고 어떻게 승리할 수 있나. 철저하게 헌신하는 자만이 즐거움도 맛볼 수 있다.

희생이라는 말은
그 단어 자체로는 참 슬프다.
하지만 그 속에 즐거움이 있으니까
슬프지 않은 것이다.

우리 야구하자, 나머지는 내가 알아서 한다

SK에게 2009년은 그야말로 부상자와의 싸움이었다. 2년 연속 우승의 후유증이 몰려왔다. 없는 전력으로 싸웠지만 선수 보급은 없었다. 알아주는 곳은 한 군데도 없고, 부족한 부분을 채우려고 훈련량을 늘리면 그게 또 문제가 됐다. 밖에서는 훈련 때문에 선수들 부상이 왔다고 말했다. 그리고 그게 사실처럼 받아들여졌다. 모든 훈련은 부상을 방지하기 위해서 하는 건데, 팀이나 언론에서 그런 식으로 인식하니 너무하다 싶었다. 2년 연속 우승을 하니까 이기는 것은 당연한 게 돼버리기도 했다.

나와 선수들은 이기기 위해 전력을 다하는데, 남들은 그것을 쉽게 봤다. 나의 마음도 서운해졌다. 정말 이렇게까지 알아주지 않나 싶었다.

새로운 용병이 왔지만 좋지 않아서 시즌 4월에 다 보냈다. 이때부터 스타팅 멤버에 문제가 많았다. 특히 피처가 문제였다. 6월까지는 어떻게든 내달렸지만, 7월은 내리막길이었다. 모두가 지쳐 있었다. 박경완, 김강민, 송은범이 떨어져 나갔다. 견디기가 많이 힘들었다. 늘 1위만 하던 SK의 성적이 2위로 떨어지자 구단에서도 말이 많았다.

그런데 문학 홈에서 기아 윤석민에게 막혀 2-1로 지고 나서 그다음 주인 8월 25일부터 9월 23일까지 SK는 19연승을 내달렸다. 아시아 신기록이었다. 이때의 나는 무슨 대단한 각오로 경기에 임한 것이 아니었다. 오히려 마음을 비운 상태였다는 말이 맞다. '그래, 편하게 하자' 생각한 것이 8월 25일이었고, 그때부터 19연승을 내달렸다.

19연승을 이어가는 동안 부담스럽지 않느냐는 말을 수도 없이 들었다. 난 부담을 갖지 않았다. 그것을 부담이라고 생각하면 정말 부담이 돼버린다. 어떻게든 연승을 이어가려는 마음을 가지고 경기에 임하면, 그 마음 때문에 에러가 나오고 경기를 망치게 된다. 나는 이기기 위해 경기에 임하지 않았다. 욕심을 내지 않고 오직 매 순간에 집중했다. '자연스럽게 흘러가자'라는 마음 자세였다. 그리고 그동안 많이 성장한 선수들이 스스로 움직이는 게 내 눈에 보였다. 이렇게 해서 만들어낸 것이 19연승이라는 대기록이었다.

당시 언론이나 전반적인 분위기가 SK에게 유리하게 작용하지 않은 건 사실이었다. 나도 야구가 아닌 다른 일 때문에 선수들의 플레이가 위축되지 않을까 걱정이 많았다. 하지만 진실은 시간이 걸리더라도 결국 통한다는 믿음으로 야구에만 신경을 썼다.

내가 2009년 두산과의 플레이오프를 앞두고, 미팅에서 선수들에게 한 말은 딱 두 마디였다.

"우리 하던 그대로 야구 하자. 나머지는 내가 알아서 한다."

"우리 하던 그대로 야구 하자.
나머지는 내가 알아서 한다."

지금부터 뛰자!

OB 시절 일이다. 새벽 5시쯤 됐는데 코치한테 전화가 왔다.
"감독님, 큰일 났습니다!"
"왜? 또 똥개가 일 냈어?"
당시에 하도 문제를 많이 일으켜서 별명이 똥개였던 윤동균 선수가 있었다. 새벽에 갑자기 큰일이 났다고 해서 나는 또 똥개 얘기인 줄 알았다.
"박상렬이 없어졌습니다!"
얘기를 들어보니 박상렬과 선수 몇몇이 전날 술을 마시면서 4차까지 갔다고 했다. 그리고 숙소로 들어가는 길에 마당에 있던 수영

장에서 선수 두 명이 수영 시합을 하기로 했단다. 그런데 한 명이 물 속에서 나와보니 출발 지점에 박상렬이 벗어놓은 옷만 있고, 사람이 없더라는 것이다. 여기저기 다 찾아봤는데 못 찾으니까 코치가 혼날 걸 각오하고 내 방으로 전화를 건 것이다. 전화를 끊자마자 얼굴이 벌게진 코치가 내 방으로 뛰어 올라왔다. 물을 들이켜고 난리가 났다.

"그래서 어떻게 된 거야?"

"…… 아무래도 죽은 것 같습니다……."

충격을 받지 않았다면 거짓말이다. 나는 제발 무사하기만 해달라고 속으로 빌고 또 빌었다. 하지만 내가 침착해야 했다. 그 상황에서 나까지 흥분하고 이성을 잃으면 상황이 걷잡을 수 없이 커질 것이 분명했다. 나는 여기저기 전화를 돌려서 수습책을 찾기 시작했다. 경찰서에 가서 어떤 상황인지 확인하고, 이 사실이 외부로 알려지지 않도록 단속했다. 아직 사람이 어떻게 됐는지 확실하지도 않은데 추측성 기사가 나가면 더 큰 일이었다. 일단 선수단을 안정시키고 여기저기 연락을 해놓고 있는데, 주장인 이홍범한테 연락이 왔다.

"감독님! 찾았습니다, 찾았어요!"

나는 흥분된 마음을 애써 가라앉혔다. 그리고 선수단을 전부 불러모았다. 그때가 새벽 6시였다. 선수가 죽었는지 살았는지 모두가 마음을 졸였는데, 겨우 한 시간이 흘러 있었다. 나는 선수들의 흐트러진 정신을 가다듬기 위해 전원 집합시켰다. 그리고 말했다.

"지금부터 뛰자!"

그렇게 새벽 안개 속을 함께 뛰면서 놀란 가슴을 완전히 가라앉힐 수 있었다.

내가 SK에 있을 때 우리는 다른 팀보다 훈련을 더 일찍 시작해서 더 오래, 더 많이 했다. 당연히 시즌 초반에 이미 컨디션이 올라와 있었고, 이때부터 치고 나갔다. 그러다가 5월 말에서 6월 초가 되면 힘든 상황을 맞았다. 그동안 누적된 피로 때문에 힘을 못 쓰는 것이다. 거의 한 달 내내 피로가 몰려서 온다. 이 기간에 당황하지 않을 수 있는 건 1년 계획을 가지고 움직이고 있어서다. 힘을 못 쓰는 상황을 이미 충분히 예상했기 때문에 이 시기에 패가 많아져도 당황하지 않는다. 오히려 당연하다고 생각하고, 그래서 마음을 침착하게 가질 수 있는 것이다. 이런 마음가짐이 경기에 그대로 반영된다.

2009년 한국시리즈가 끝났을 때도 SK는 곧바로 마무리 훈련을 떠났다. 3년 연속 한국시리즈에 진출한 것과는 상관없이 다음 시즌이 힘들 수도 있다는 판단에서 일찌감치 시작한 것이다. 나는 8월에 군산 기아전에서 2연패 했을 때부터 이미 마무리 훈련 계획을 다 짜두고 있었다.

일 년 내내 달릴 수 있는 팀은 어디에도 없다.
달릴 수 없는 상황까지
계산에 넣어두고 있어야 한다.

젊은 리더들은 위기가 오면 당황한다. 경험이 많지 않으니까 전체의 틀에서 보지 못하고, 당장 성적이 떨어지는 것만 눈에 보인다. 승부의 세계에서는 이것이 굉장히 중요한 점이다. 성적이 떨어지고 있다고 감독이 이것저것 지나치게 손을 대기 시작하면 오히려 팀 분위기가 더 나빠진다. 비전을 가지고 개입하면 상관없지만 당황해서 마구잡이로 이것저것을 시도한다. 상황이 이렇게 되면 감독과 선수 모두가 불안감 때문에 제대로 경기를 못한다. 팀 전체가 흔들

날마다 고된 훈련을 하는 이유는
오늘 하루가 아니라
1년을 내다보기 때문이다.

리게 된다.

위기가 왔을 때 SK는 정확하게 반대의 전력을 썼다. 4월, 5월에는 '달리는 야구'를 했다면, 5월 말부터 6월에는 번트를 많이 거는 방식으로 갔다. 그리고 선수들의 체력을 안배하면서 덜 달리는 대신 벤치에서는 상황에 맞는 작전을 더 세밀하게 지시했다. 선수들의 집중력과 경기 운영을 벤치에서 더욱 적극적으로 리드함으로써 부담을 덜어준 것이다. 이렇게 하면 패가 승보다 두 배 정도가 많았던 5, 6월 바닥의 흐름이 바뀌기 시작한다. 그리고 그 흐름 속에서 선수들의 체력이 회복되면서 경기력이 다시 상승하게 된다.

2007년, SK는 정규 리그 1위를 차지하면서 한국시리즈에 직행했다. 시리즈에 들어가서는 1차전을 0-2로 패한 뒤에 채병룡을 투입한 2차전에서도 패하고 말았다. 많은 사람들이 초반 2연패를 두고 SK가 궁지에 몰렸다고 말했다. 언론에서도 강력한 원투 펀치가 있는 두산이 유리하다고 평가했다. 빈볼 시비 같은 문제도 젊은 선수가 많은 SK에게 유리하지 않은 상황이었다.

4선승제인 한국시리즈에서 사람들은 초반 승수에 많은 의미를 둔다. 하지만 나의 생각은 달랐다. 시리즈는 먼저 4승을 하는 팀이 이기는 것이고, 그래서 세 번은 충분히 질 수 있다. 처음에 졌다고 급하게 가면 안 된다. 그것 때문에 게임에 질 수 있다. 아주 중요한 문제다.

나는 처음 두 게임 중에서 한 게임은 져도 된다고 생각했다. 그리고 두 개가 넘어갔을 때는 한 게임 더 져도 괜찮다고 계산하고 있었다. 어차피 4승 3패 정도로 승부가 결정 날 거라고 예상했기 때문이다. 그래서 2패 뒤에 조급해진 것이 아니라 한 번 더 져도 된다는 마음으로 게임을 할 수 있었다. 이미 머릿속에 다 계산을 해두고, 그 계산하에서 평정심을 갖고 있으니까 급할 게 없었다. 전력분석팀도 3차전을 앞두고 선수들과 미팅을 하지 않았다. 2연패를 하고 마음이 불안할 텐데 불러서 이야기로 풀어나가기보다는 그냥 두는 것이 더 도움이 될 거라고 판단해서다.

오히려 두산이 조급해하는 거 아닌가 싶었다. 두산은 3차전 선발로 1차전의 승리 투수였던 리오스를 예고했다. 리오스는 시즌 중에 4일 쉬고 5일째에 등판했는데, 한국시리즈에서는 3일 쉬고 4일째 등판한 것이었다. 난 당연히 리듬이 무너질 거라고 봤다. 두산은 빨리 끝내고 싶은 욕심, 이기고 싶은 욕심이 앞서 있는 것처럼 보였다. 아마도 나처럼 7차전까지를 염두에 두지는 않았을 것이다. 결국 내 예상대로 리오스가 등판한 3차전에서 두산이 지고 SK가 이겼다.

아무것도 아닌 것 같지만 여기에는 결정적인 흐름의 변화가 있었다. 팀의 에이스가 패하자 두산 선수들이나 벤치가 당황하는 것이 느껴졌는데, 이렇게 초조해지기 시작하면 이 데미지가 2패, 3패를 낳을 수가 있다. 반대로 SK는 3차전을 이긴 이후 시즌 중 부진했던 김광현을 깜짝 선발로 등판시켜 4차전에서도 승리했다. 당연히 여유가 생긴다. 3패까지 해도 괜찮다고 생각했는데, 한 번 이겨서 1승 2패가 됐다. 4차전에서도 두산은 용병 투수를 냈고, 다시 우리가 이겼다. 2승 2패. 시리즈의 흐름은 완전히 우리 쪽으로 넘어왔다.

단기전에서 팀의 에이스 두 개가 날아가면 선수들이 받는 심리적 타격이 매우 크다. 두산이 바로 그런 경우다. 하지만 SK는 오히려 고비를 넘긴 셈이었다.

시리즈는 7차전에 가서 이겨야 한다. 7차전 가서 이기는 걸로 미리 계산을 해두어야 한다. 2패 뒤에 나는 절대 우왕좌왕하지 않았다. 평정심을 유지하면서 다음 게임을 구상하고 있었다. 선수들에게도 심리적 부담을 주는 행동이나 말을 절대 하지 않았다.

1987년, 내가 OB 감독일 때 해태와 플레이오프에서 만난 적이 있었다. 2승 1패로 우리가 앞서고 있었다. 4차전을 앞두고 나는 선수들을 모아놓고, 반드시 승리하자고 독려했다. 하지만 그건 독려가 아니라 부담이었다. 감독이 그렇게 압력을 주니까 선수들이 심리적 부담을 크게 느꼈고, 그게 경기에서 바로 나타났다. 선수들의 몸놀림이 경직된 것이다. 그때의 경험이 있어서 2007년에는 오히려 선수들을 가만 놔둘 수 있었다.

2010년 한국시리즈 때도 마찬가지다. 1차전이 고비였다. 삼성에 강할 줄 알았던 김광현이 얻어맞기 시작했다. 김광현이 3점을 내주었을 때 벤치에서 정신을 놓지 않았던 사람은 나 하나였다. 에이스가 3실점을 했다는 사실에 다들 제정신이 아니었다. 2점을 먼저 뽑아놓고도 상대방에게 역전을 허용했다. 믿었던 에이스가 팀의 리드를 지키지 못한 것이다.

하지만 나는 후반에 우리가 힘으로 따라잡을 수 있다고 생각했다. 우리는 우리의 게임을 하면 되는 것이다. 나는 표정을 드러내지 않고 평소처럼 행동했다. 또 선수들을 믿었기 때문에 위기가 왔다고 해서 김광현을 바로 빼려고 하지 않았다. 한국시리즈는 길게는 일곱 게임을 해야 하는데, 첫 게임부터 에이스를 그렇게 빼면 안 됐다. 김광현이 3실점으로 막고 내려왔을 때, 그때부터는 다른 선수가 김광현의 몫을 해주면 된다고 생각했다. 결국 타선이 터졌고, 1차전에서 터진 타선이 시리즈 내내 이어졌다. 자신감 있는 플레이가 살아난 것이다.

   감독이 경기 결과에 따라서 그때그때 감정 변화를 드러내면 선수들은 야구를 하는 게 아니라 감독 얼굴을 쳐다본다. 자신감 있는 플레이를 못하고 위축돼버리는 것이다. 하지만 감독이 흔들리지 않고 평정심을 갖고 있으면 흔들렸던 벤치 분위기가 곧 제자리로 돌아온다. 바로 그것이 정상적인 플레이를 만들어서 승리를 가져다주는 것이다.

어떤 경우에도
리더는 포커페이스를
유지해야 한다.
감독의 불안이 선수들에게 전해지면
이미 진 것이다.

2장

우리 좋아하는 야구 오래 하자

혹독한 훈련을 견디는 이유

왜 이렇게 많은 땀을 흘려야 할까

　세상살이라고 하는 것이 살아남기 위해서 일을 하는지, 일하기 위해서 살아남는지 두 가지로 갈리는 것 같다. 대부분의 사람들이 살아남으려고 일을 한다. 내 개인적인 생각으로, 그건 참 불쌍한 인생이 아닌가 싶다. 일이란 것은 소위 신념을 가지고 강한 의지로 자신의 목적을 달성하는 것이다. 일이 아니라 살아남는 게 목적인 사람들은 신념이 약하다. 그때그때 편한 길만 찾고 도전하지 않는다. 어려움에 처했을 때 그것을 뛰어넘는 과정 속에서 성장을 하고 강해지는 건데, 그냥 멈춰버린다. 이런 자세로 일을 하면 나중에 결과가 좋지 않을 때 책임을 다 남한테 돌린다. 변명하고 해명하느라 바쁘다. 나는 세상에서 이런 사람들이 제일 싫다. 세상에 태어나 그렇게 후회스러운 인생을 왜 사나 싶다. 선수들에게도 책임을 묻는 손가락이 언제나 자신을 향해 있어야지 다른 사람한테 가 있으면 안 된다고 강조한다.

1996년 쌍방울에 있을 때 얘기다. 오키나와 캠프에 갔는데 LG가 가장 먼저 캠프에 들어와 있었다. 연습하는 걸 보러갔더니 선수들이 운동장을 돌고 있었다. 1군은 아직 안 왔고, 2군이 연습 중이었다. 잠깐 지켜보고 있다가 어느 코치를 만나서 얘기를 하는데, 그 코치가 "아, 다행입니다. 감독님" 했다. 왜 그러냐 했더니 "한 명의 부상자도 없이 1군에 넘기게 됐습니다" 하는데, 그 말을 듣고 나는 속으로 'LG는 잡았다' 싶었다. 어떻게 그 말 한마디에 잡았다 생각했냐 하면, 도대체 연습하는 뜻이 어디 있는지 알 수 있었기 때문이다. 선수들을 안전하게 넘기게 돼서 안도한다는 건 소위 말해 '만들어지지 않았다'는 뜻이다. 내가 선수들 혹사시킨다는 말을 들으면서도 죽기 살기로 연습시키는 이유는 딱 하나다. 선수를 만들기 위해서다. 어제보다 오늘 더 최고로 만들기 위해서 다른 거 전부 포기하고 야구 연습에만 몰두하는 것이다.

안전함 속에서 무슨 일을 어떻게 할 수 있을까. 지독하게 훈련하

"세상살이라고 하는 것은,
절실함이 있어야 한다."

는 과정에서 성장이 일어나고, 단 한 순간도 집중력을 잃지 않아야 이길 수 있는 게 승부의 세계다. 그런 세계에 있는 사람이 안전함 속에서 연습했다는 건 리더로서 태만이다. 1군 감독이 와서 뭐라고 나 하지 않을까 불안해 하면서 하는 연습이 도대체 무슨 의미가 있을까. 변화와 성장이 일어날 수 없다.

올해 SK로 팀을 옮긴 박진만은 연습을 많이 힘들어하는 선수 중 하나였다. 본인은 하고자 하는 의지가 있는데, 연습 때 게으름을 피우는 게 몸에 배어 있었다. 리더로서 보면 사실 그런 게 다 아쉬운 점이다. 처음부터 가르치는 사람이 잘 잡아줬어야 하는데, 그랬다면 지금쯤 훨씬 더 큰 선수로 성장했을 텐데. 그런 생각이 들어서 너무 아쉬운 것이다.

한번은 박진만이 평범한 상황에서 에러를 두 개나 범하는 바람에 팀이 패배한 일이 있었다. 박진만에게도 프로 선수로 이름을 떨치고 난 이후에 처음 있는 일이었을 것이다. 팀의 주축 선수가 해서는 안 되는 에러였다. 실력이라기보다는 선수로서의 마인드가 문제였다. 나는 경기가 끝나고 박진만 앞으로 500개의 펑고를 쳤다. 못 잡을 코스로 해서 양 사이드로만 쳤다. 그때 내가 오른손에 통증이 심했는데, 그때는 하도 열이 받으니까 아프고 말고가 없었다. 500개를 다 받고 나서 박진만은 거의 반 죽으려고 했다. 네발로 기어다니고 난리도 아니었다. 나도 그렇고 박진만도 정말 이러다 죽겠다 싶었지만, 바로 그날 박진만의 몸과 마음이 많이 바뀌었다. 선수로서 다시 살아났다. 목표한 결과를 얻은 것이다. 몸은 힘들어도 선수로서 살아났으니 결과를 얻은 것이다. 나는 확실하게 일을 했다 싶었다.

정근우는 서울에서 경기를 했을 때 번트를 잘못 대서 그날 바로 인천문학구장으로 보내버리기도 했다. 그리고 코치 한 명을 붙여서 평고를 1,000개 시켰다. 문학구장에서 다시 숙소로 돌아온 시간이 새벽 2시 반이었다.

"돌아왔습니다."

"그래, 자라."

그렇게 하루가 끝났다. 그리고 다음 날 번트를 하는데 무척 신중하게 하는 게 보였다. 이것 역시 확실하게 일을 한 거다. 그냥 하는 연습하는 중 하루가 아니라 생각이 바뀌고 몸이 바뀐 중요한 순간을 만든 것이다.

야구는 항상 벼랑 끝에서 길을 찾는 것과 같다. 매 순간이 벼랑

끝이고 위기다. 잠시도 흐름을 놓치면 안 된다. 그러다 보니 연습량이 많아진다. 이쯤 하면 됐다 싶은 순간이 야구에는 없다. 나는 시간이 많으면 잠도 안 자고 밤새도록 야구만 하고 싶다. 처음 감독을 시작했을 때는 왜 방망이를 안고 자는 놈이 없는지 답답했다. 그만큼 절실해야 하는데 그게 부족했다.

야구는
머리로 하는 것보다 몸으로 알아야 한다.
'이제 알겠다'는 생각이 들 때까지가 아니라
몸과 정신이 야구를 할 때까지,
할 수 있을 때까지 해야 한다.

지옥훈련을 시키고 내 방에 들어와 있으면 가끔씩 너무 심하게 시켰나 걱정이 될 때가 있다. 이러다 선수들이 다치면 어떡하나 하는 생각이 들 때도 한두 번이 아니었다. 한번은 훈련이 끝나고 잠을 자려고 누웠는데 갑자기 두려워졌다. 깜깜한 밤에 멀리서 파도 소리가 들리고, 짐승 소리가 들려오는데 '선수들이 얼마나 힘이 들까……' 그런 생각이 드는 것이다.

그럴 때마다 나는 스스로 강하게 마음을 먹었다. 약해지지 말라고 나 자신에게 말했다. 이길 때까지 하는 것, 그게 승부니까. 강하니까 이길 수 있는 게 아니라, 이길 때까지 하니까 강한 것이니까.

만족이란 결과로 말하는 것이다.
혹독한 훈련은
최선의 노력을 경주하는 과정일 뿐이다.
흘린 땀만큼
승리한다는 믿음 하나로
그 과정을 견뎌낸다.

손 내밀면 주저앉을까봐

"너, 야구 똑바로 안 해?"

작년에 박경완을 호되게 야단치고 집에 보내버린 적이 있다. 그렇게 박경완을 보내 놓고 밤에 잠이 오지 않았다. 팀을 위해 한없이 뛰게 한 선수가 박경완이었다. 참 미안한 일이다. 박경완이 없었으면 우승도 없었다. 한없이 고맙고, 그러면서도 조금만 실수하고 똑바로 안 하면 불만이 생기고……. 박경완에 대한 내 마음은 그렇게 양 극단을 갔다. 미안하고 고마운 마음이 크지만 수고한다는 한마디를 해주지 못했다. 얼마나 괴롭고 힘든지 아니까…… 손 내밀면 주저앉을까봐 "경완아, 수고한다." 그 말 한마디를 해주지 못하는 것이다. 쓰러지면 일으켜 세우고, 또 쓰러지면 또 일으켜 세웠다. 그렇게 일부러 더 무정하게 야단을 치고 나면, 나는 혼자서 끙끙 앓는다. 박경완은 악에 받쳐 더 뛴다. 지지 않는 야구, 끝끝내 이기는 야구를 하기 위해 우리는 그렇게 절박하게 연습을 했다.

박진만은 내가 디스크 수술을 받지 않았으면 연습을 제대로 시킬 수 있었는데 그게 안됐다. 내가 볼 때 박진만은 앞으로도 충분히 가능성이 있었다. 주변에서는 말들이 많았지만 다시 정상에 설 수 있는 선수가 박진만이다. 그러기 위해서 선수로서 멈추면 안 되고 반드시 재생을 시켜야 하는데, 내가 팀에서 나오는 바람에 그걸 못했다. 사실 앞으로 4~5년은 더 야구할 수 있게 만들어 놓으려고, 자존심을 많이 상하게 만들었다. 나주환이 더 낫다고 말한 게 다 분발하라는 뜻에서 한 말이었다. 언론에서도 이 정도밖에 안되냐는 말이 많았다. 나도 공을 500개씩 올려주면서, 겨우 이 정도에 쓰러지냐고 심하게 질책하면서 다시 일으켜 세웠다.

김광현이 뇌경색이라는 사실이 언론에 알려졌을 때는 속으로 얼마나 걱정을 했는지 모른다. 당신들 정신이 있냐고 크게 나무랐다. 내가 다 책임지겠으니 절대 밖으로 알리지 말아 달라고 부탁을 했는데도 기사가 나갔다. 그때 고민이 많았다. 우리 프로 야구를 짊어지고 갈 선수인데, 이제 어떻게 되나 싶었다. 나는 김광현이 주변의 안 좋은 시선에 영향을 받지 않고 연습에만 몰두해서 예전의 기량을 찾을 수 있도록 일찌감치 오키나와로 보냈다. 그곳에서 김광현은 무척 애를 썼다. 빠르게 몸을 만들었다. 이후에 나는 김광현을 일부러 무척 엄하게 훈련시켰다. 몸이 아팠었다는 걸 감안해서 약하게 하거나 그러지 않았다. 몸은 나아졌지만 아팠던 것에 마음이 흐트러질까봐 극한까지 몰아붙였다. 김광현이 이겨내야 나도 이기는 것이라 생각했다.

경쟁의 기본은 공평함이다. 공평함 속에서 이기는 거다. 그 속에서 한 사람 한 사람이 뭘 할 수 있느냐가 중요하다. 눈에 보이지 않는 팀의 밸런스도 공평함 속에서 만들어진다. 그것이 조직이 흘러가는 힘이다. 안치용이 홈런을 쳤지만, 수비가 나빠서 안 쓸지도 모른다. 조동화나 김강민은 수비가 된다. 선수들의 경쟁 속에서 그때 그때 경기에 맞게 내보낸다. 그러다 보면 선수들도 자신의 부족한 점에 대해서 생각을 하고 나아지려고 발버둥을 친다. 나는 선수를 이름으로 판단하지 않는다. 김재현의 컨디션이 나쁘면 안 쓴다. 박재홍도 수비가 약하기 때문에 무조건 쓰거나 하지 않았다. 실력이 가장 중요하다. 한순간이라도 소홀하게 야구를 대하거나, 한 번쯤

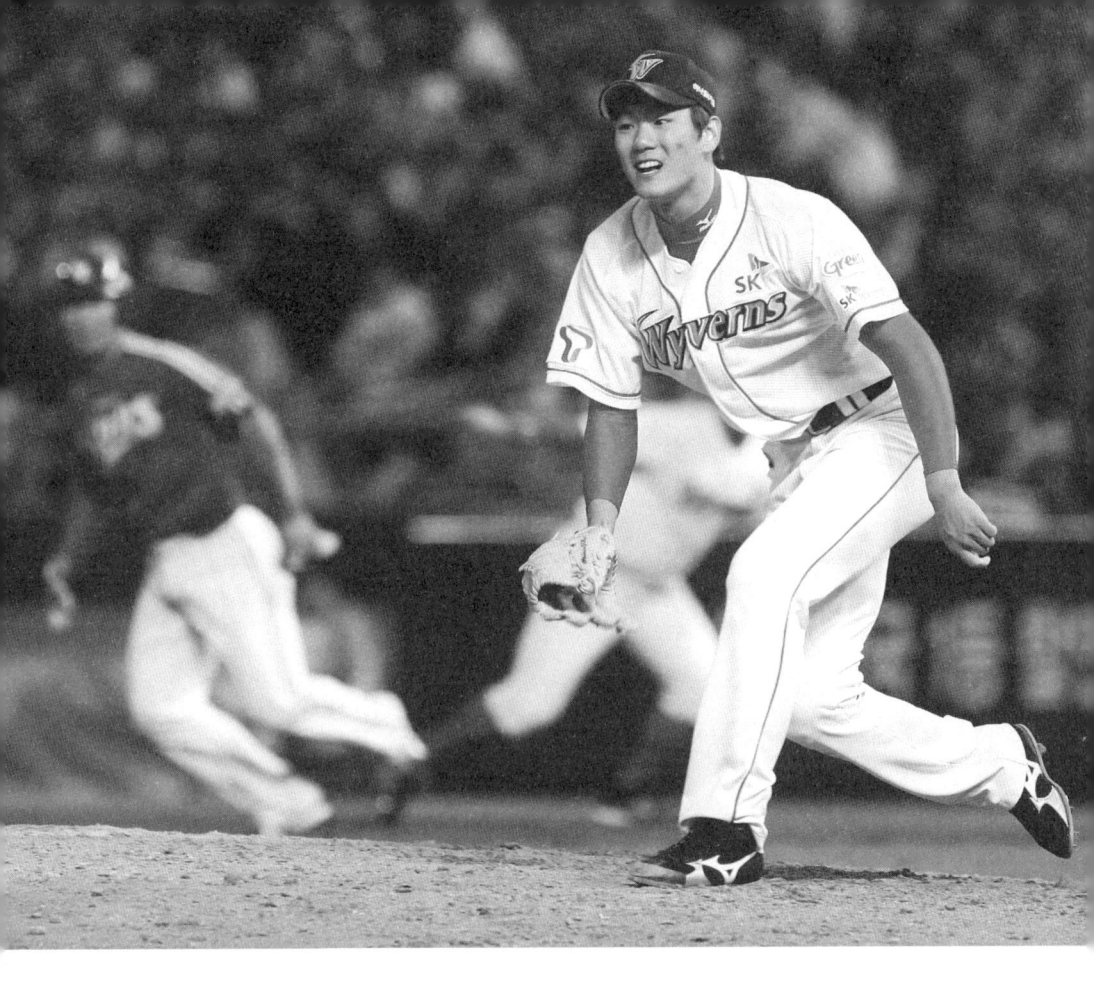

실수할 수 있다는 마음 자세로 야구를 하는 선수는 다음 번 경기에 출전시키지 않는다. 이전의 결과는 말 그대로 이전일 뿐이다. 현재의 상황 속에서 가장 맞는 사람, 그 사람이 그 순간에는 최고다. 프로 야구는 이겨야 되니까, 이기기 위해서 팀이 모인 것이다. 그래서 과거의 박재홍이, 과거의 김재현이 잘했어도 안 쓸 수 있다.

내가 이렇게 선수들을 운용하니까 선수들 입장에서는 속이 터진다. 박재홍의 경우 한동안 경기에 나가지 못한 적이 있다. 그러다가 겨우 출전한 게임에서 두 번의 번트 사인을 냈는데 두 번 다 실패했다. 그날 저녁에 박재홍이 감독실로 나를 찾아왔다. "왜 왔어" 물어보니까 "저 때문에 시합에서 졌습니다. 죄송합니다" 했다. 박재홍의 의식이 바뀌었다는 걸 알 수 있었다. 그때 박재홍은 불만이 최고조로 올라가 있었는데, 내 방까지 찾아와서 그런 말을 하니까 나도 속이 뜨거워졌다. 나는 박재홍에게 말했다.

"니가 여기 와준 것만으로도 됐다."

그때 박재홍이 울고 난리가 났다. 속이 터진 거다. 나를 껴안고 울고, 나도 선수가 변화된 것을 보니까 울컥했다. 박재홍은 그렇게 성장해나갔다.

두 번째는 작년부터 얘기한 건데, 너 자신이 바뀌어야 한다는 말을 많이 했다. 너는 남이 바뀌기만 기다린다고 몇 번을 혼을 냈다. 그러다가 또 한 번 괴로운 일이 있었다. 롯데와의 경기에서 사단이 난 것이다. 매스컴에서는 그럴 일이 아닌데 박재홍을 몰아붙였다. 여론도 좋지 않았다. 박재홍은 위험하게 볼이 날아오자 보호 차원에서 투수에게 강력하게 어필을 한 것이다. 그것뿐이다. 그런데 그것으로 끝났어야 할 문제가 박재홍의 의지와 상관없이 커졌다.

박재홍은 아무리 말해도 사람들이 안 믿어준다고 괴로워했다. 나는 박재홍이 심적으로 얼마나 힘든지 알고 있었다. 옆에서 지켜보는 내 마음이 아팠다. 하지만 나는 그 생각 자체가 틀렸다고 조언을 했다. 그렇게 독하게 마음을 가다듬는 것밖에는 방법이 없었기 때문이다.

"너 사람들한테 인정받으려고 바꾸는 거야? 너 스스로가 바뀌면 그걸로 되잖아. 왜 다른 사람이 인정을 안 해줬다고 원점으로 돌리려고 해. 시작이 틀린 거잖아."

박재홍은 순수하게 내 충고를 받아들였다. 그렇게 순한 마음으로 문제가 있을 때마다 한발씩 성장해나간 선수가 박재홍이다.

"니가 여기 와준 것만으로 됐다.
그것만으로 됐다."

우리 좋아하는 야구 오래 하자

프로 야구 팀의 존재 이유는 승리다. 그런데 팀이 승리하려면 자신이 무엇을 해야 하는지를 모르는 선수들이 많다. 태평양에 처음 갔을 때 선수들이 전부 자기밖에 모르는 것을 보고 깜짝 놀랐다. 팀의 승리가 아니라 자신의 성적만 생각하고 있었다. 당연히 조직력이 형편없었다. 야구는 혼자서 하는 경기가 아니라 팀 경기다. 각 조직원들이 하나의 목적을 가지고 유기적으로 연결돼야 한다. 대체적으로 고참급 선수들이 문제가 된다. 그동안 수많은 일을 겪어왔기 때문에 이 선수들은 자기 역할에 시큰둥하다. 웬만한 일에는 꿈쩍도 하지 않고, 변화를 싫어한다. 변화에 자기 몸을 맡길 생각을 하지 않는다.

한창 더워지는 날 주말 낮 경기였다. 베테랑 외야수가 잡을 수 있는 타구를 놓쳤다. 그러고도 얼굴에 웃음기가 있었다. 그 다음 동작도 빠르게 하지 않고 투수를 보고 글러브만 들어보였다. 나는 그 선수를 불러서 얘기를 했다.

"생각해봐라. 피처는 4, 5일 만에 한 번 나온다. 그런데 져버리면 얼마나 속이 상하겠냐? 너처럼 플레이하면 어느 피처가 힘이 나서 열심히 던지겠어. 생활이 걸린 건데. 연봉 고과할 때 얼마나 차이가 나니. 그게 네 후배들 연봉이랑 직결되는 거 너도 잘 알잖아. 너는 선배니까 애들이 너한테 말은 못하지만 속으로는 얼마나 원망하겠냐. 그래도 그런 플레이 할 거야?"

아무리 변화에 둔감한 고참 선수라고 해도 이렇게 얘기하면 팀을 위해 자신이 어떻게 변화해야 할지 감을 잡는다. 이미 선수들은 김성근이 어떤 사람인지 알고 있기 때문에 나의 말을 있는 그대로 받아들이려고 노력한다. 특정 선수를 위한 것도, 감독인 나를 위한 것도 아니라는 걸 진심으로 이해하고, 내 말에 고개를 끄덕여준다. 진심이 통하는 순간이다.

몇 번 지적하고 스스로 깨닫게 기다려줘도 태도가 바뀌지 않는 선수는 그냥 집에 보내버린다. 짐 싸서 가라고 한다. 그 선수를 포기하는 것이 아니라 혼자 생각할 시간을 주는 것이다. 생각이 바뀔 준비가 돼 있지 않은 선수에게는 아무리 말을 해도 통하지 않는다. 입만 아플 뿐이다. 그런 선수에게는 혼자 생각할 시간을 주는 게 도움이 된다. 감독이 집에 보내버리면 처음엔 화가 나게 돼 있다. 잘하고 있는 나를 왜 집에 보내나, 억울함이 앞선다. 하지만 며칠 팀을 떠나 지내보면 생각이 조금씩 달라진다. 감독님이 왜 나를 집에 보낸 것일까, 나의 어떤 점이 문제인가, 나도 모르는 나의 한계를 보신 게 아닐까. 스스로에 대해 깊이 생각해보게 된다. 긴 시간이 걸리지 않는다. 마음이 순하고 야구가 전부인 선수들이기 때문에 길어야 2주 정도면 충분하다.

내가 SK로 와서 1년 만에 방어율이 1.5점 정도 떨어졌다. 맨 처음에 SK에 부임해서 선수들이 야구 하는 걸 보고 '이걸로 어떻게 야구를 하나' 싶었다. 그런 팀을 1년 만에 방어율을 1.5점 낮춘 것은 어마어마한 것이다. 이건 피처가 잘 던졌다기보다 수비가 잘한 것으로 봐야 한다. 스타플레이어가 없는 팀은 조직력으로 이겨야 한다. 그런 의미에서 특히 수비가 중요하다. 서로서로 북돋우며 한발

"내가 너를 왜 집에 보냈는지 알겠어?"
그제서야 선수들은 어렴풋이 고개를 끄덕인다.
나와 눈도 마주친다.
이제는 말을 해도 된다.
말을 하면 하는 그대로 마음에 가닿는다.

씩 더 뛰면 투수도 탄력을 받아 호투하게 된다. 이때 서로에게 흐르는 보이지 않는 믿음은 조직력을 향상시키는 가장 큰 힘이 된다. 조직력이 탄탄해졌다는 것은 선수들이 팀을 위해 자기가 무엇을 해야 할지를 알게 됐다는 말이다.

태평양 시절, 선수들을 이끌고 강원도 오대산으로 들어간 적이 있다. 일주일 동안 산에서 밥 해먹고, 훈련하고, 잠도 잤다. 체계적인 훈련이라기보다는 일종의 극기훈련이었다. 어떻게 해서든 팀워크를 위한 초석을 만들어놓지 않으면 이후의 어떤 훈련도 성과가 없을 것 같았다. 그래서 달려든 일이다. 그때 그렇게 맨몸으로 자신과 싸우면서, 또 자연과 싸워나가면서 선수들은 하나가 됐다. 나중에 훈련을 하다가 힘이 들면 내가 뭐라고 말하지 않아도 선수들끼리 "우리 오대산을 생각하자" 하면서 한발 더 뛰었다. 선수들의 몸과 마음에 오대산 훈련이 제대로 자리를 잡은 것이다.

'빨리 가고 싶으면 혼자 가고, 멀리 가고 싶으면 함께 가라.'

내가 좋아하는 아프리카 속담이다. 팀워크가 중요한 프로 야구에 잘 맞는 말이다. 리더는 절대 혼자 갈 수 없는 사람이다. 조금 느리더라도 한마음을 가지고 함께 가야 한다. 마음을 얻어 한마음으로 함께 가야 멀리까지 갈 수 있다.

해가 질 무렵, 선수들은 오대산을 올랐다.
얼음 속에 들어가고,
허리만큼 쌓인 눈밭을 맨발로 걸었다.
깜깜한 밤에 짐승 소리를 함께 들었다.
그리고 한 팀이 되어 내 눈앞에 돌아왔다.

이제야 뭔가 되겠다 싶었다.

끝까지 하겠습니다

SK가 강팀이 된 이유는 선수들의 자기희생이 있어서 가능했다. 이것은 밖에서 보면 잘 모를 것이다. 나는 2009년 기아와의 마지막 7차전 9회 말에 여덟 번째 투수로 전날 등판했던 채병용을 마운드에 올렸다. 올릴 만한 투수가 없어서라기보다는 채병용에 대한 내 믿음을 보여주기 위한 것이었다. 채병용을 올리고 결과가 잘못 나올 수 있지만, 모든 책임은 내가 질 것이다.

마운드에 올라간 채병용은 원래의 속도를 내지 못했다. 그리고 결국 끝내기 홈런을 맞았다. 나는 결과보다 채병용의 어깨가 걱정됐다. 채병용은 원래 시즌 중반 수술대에 올라야 하는 상황이었다.

하지만 한국시리즈에서 팀에 보탬이 되고 싶다는 생각으로 수술까지 미뤘다. 나는 준우승 축하연에서 직접 마이크를 잡고 채병용에게 말했다.

"니가 자책할 필요 없다."

정말로 그랬다. 채병용은 아픈 몸으로 끝까지 뛰어줬다. 부진하기는 했지만 김재현도 마찬가지였다. 시리즈 내내 허리가 안 좋았는데, 그걸 참아내면서 경기에 출전했다. 최정도 그랬다. 뛰는 게 이상해서 알아보니까 사타구니가 아파서 제대로 못 뛰는 거였다. 바꿔주겠다고 하니 돌아온 대답이 "끝까지 하겠습니다"였다. 끝까지 포기하지 않았다.

투수 정대현은 공을 던지고 나서 1루 커버를 들어갈 수도 없는 상황이었다. 다리가 아파서 몸을 정상적으로 움직일 수가 없었던 것이다. 그런 상황에서도 정대현이 끝까지 좋은 공을 던져줘서 다행이었지만, 나는 그때 혹시 상대편이 1루 쪽으로 번트를 대거나 할까봐 마음이 조마조마했다.

실제로 플레이오프를 앞두고 우리 투수들이 일본 병원에 갔을 때

현지 의사들은 도대체 이 팔로 어떻게 공을 던졌냐고 오히려 되물었다. 한국시리즈가 끝나고 난 뒤에는 이호준, 정대현, 고효준을 비롯해서 많은 선수들이 정밀검사를 위해 일본으로 떠났다. 채병용과 김원형은 팔꿈치 수술을 받아야 했다. 안 아픈 선수가 없었다.

준우승은 이런 열악한 상황에서 이루어낸 결실이었다. 비록 통한의 준우승이기는 했지만, 무척 힘든 상황에서도 최선을 다해서 이루어낸 결과였다. 나는 선수들의 자기희생을 보고 마음속으로 크게 감명을 받았다. 많은 팬들이 SK 야구를 이해해주고, 또 받아들이기 시작한 것도 이때 이후가 아니었나 싶다. '이제 SK 야구가 뭔지 알겠다'는 말이 들려온 것도 그 즈음이다. 패배 뒤에 오히려 SK를 사랑하는 팬이 늘어난 것이다.

우리는 정말 상처투성이로 거기까지 올라갔다.
그것을 가장 분명하게 보여준 선수가 채병용이었다.
채병용은 시리즈를 끝내고 수술을 앞두고 있었다.
그런데도 팔이 끊어져라 팀을 위해 공을 던졌다.

2010년 한국시리즈는 내가 생각한 것보다 훨씬 쉽게 우승하게 됐다. 그렇게 쉽게 끝날 줄은 나도 몰랐다. 나는 시리즈가 5차전까지 갈 거라고 생각했다. 그래서 이동하는 날인 10월 20일에 잠실구장을 빌려서 야간 훈련 계획을 짜두고 있었다.

승리는 4차전에서 결정됐다. 10월 19일 대구구장 삼성과의 경기에서 4차전 4-2로 승리했다. 네 게임 다 SK가 주도권을 잡았다는 것이 큰 성과였다. 우승도 우승이지만 나는 그 점이 기쁘고 흐뭇했다. 이제 선수들이 각자 어떻게 싸워야 하는지 그 방법을 아는 선수로 성장해 있었던 것이다.

시리즈 운영의 가장 큰 고민은 선발 투수였다. 사실상 1차전 김광현을 제외하면 마땅히 정해진 투수가 없었다. 나는 우선 오른손 투수를 넣어야겠다고 생각했다. 카도쿠라를 생각하고 있었다. 그런데 기록을 정리하면서 큰 이승호의 피안타율이 생각보다 적다는 것을 발견했다. 그래서 2차전 선발에 큰 이승호를 넣었다. 사람들은 예상외의 깜짝 선발이라고 했다. 깜짝 놀랄 일이 아닌 게 기록과 전력분석에서 나온 선발이었기 때문이다. 카도쿠라 대신 이승호를 먼저 넣어 짧게 잘 막았고, 그 다음 이닝은 전병두가 잘 막아줬다. 그렇게 해서 내 예상대로 2차전을 승리했다. 그리고 이 승리가 남은 시리즈를 쉽게 풀어가는 데 결정적인 도움이 됐다.

SK는 정말 전력분석과 선수들의 플레이가 잘 맞아들어간 팀이었다. 선수들은 혹독한 연습을 다 견뎌냈고, 철저한 전력분석의 도움을 받았다. 그 속에서 강한 자신감을 얻었다. 그런 자신감이 경기에서도 그대로 나타났다. 전력분석은 내가 생각해도 이런 것까지 하나 싶을 정도로 디테일했다.

삼성과의 경기에서 정우람은 손톱이 반이나 떨어져나갔다. 그런데도 자신이 나가겠다고 했다. 송은범도 근육이 뭉쳐서 고생했는데 그런 상태에서도 호투했다. 정말 팀을 위해 끝까지 뛰어줬다. 선수들이 한국시리즈를 네 번 거치면서 한층 성장했다는 것을 눈으로 확인하니 내 마음이 무척 흐뭇했다. 이제 선수 스스로 상황에 맞게 움직일 수 있게 된 것이다.

그해 MVP는 좋은 활약을 한 박정권이 받았다. 그리고 내 마음 속으로는 박정권은 물론이고, SK의 모든 선수에게 MVP를 주었다. 말은 못 했지만 선수 한 명 한 명에게 MVP를 주었다. "모두 MVP다"라고 말해주었다.

언제든 다시 질 수 있다

 2008년도 한국시리즈 2연속 우승 뒤 출전하게 된 아시아시리즈. 일본 세이부한테는 이겼지만, 결국 대만 퉁이 라이온스한테 지고 말았다. 야구라는 건 그런 것이다. 90분을 이겨도 10분 때문에 지는 것이 야구다. 처음 붙었을 때는 대만팀이 우리한테 콜드패를 당했다. 그런데 다시 만났을 때는 우리 팀이 패배했다. 완전하게 졌다. 2사에 1루와 3루 주자가 더블 스틸하는 상황이었다. 우리는 1루 주자에게 포수의 시야를 집중하게 한 뒤 공이 1루 견제 들어간 사이에 3루 주자가 홈스틸을 하여 점수를 얻겠다는 작전을 갖고 있었다. 그런데 대만 팀 포수가 투수의 공을 받아서 1루 주자는 보지도 않고 3루 주자에게 공을 던졌다. 3루에서 스틸을 준비하던 우리 팀 주자는 움직일 새도 없이 죽었다. SK의 작전 성향을 꿰뚫고 있지 않은 이상 나올 수 없는 수비였다.

나는 경기가 끝나고 대만 감독한테 한국 야구 자주 보느냐고 물었다. 그 감독이 하는 말이 "일 년 내내 봅니다" 했다. 아차 싶었다. 정말 야구는 끝까지 준비하지 않으면 안 되는구나, 우승했다고 자만하기 시작하면 곧바로 패배할 수 있구나, 나중에 선수들한테도 이 얘기를 들려줬다. 긴장감을 늦추면 이미 진 것이라고 강조했다.

2007년 한국시리즈에서 SK가 첫 우승을 한 후 나는 바로 다음 해 구상에 들어갔다. 다음 해에도 우승하기 위해서는 어떻게 해야 할까……. 한 번 우승했으니 우승에 대한 선수들의 절실함이 전보다 약해질 수 있을 텐데, 그것을 또 어떻게 변화시켜야 할지도 고민이었다. 다행히도 우리에게 약이 된 것은 코나미컵에서의 패배였다. 첫 경기에서 SK는 재팬시리즈 우승 팀인 주니치를 꺾기도 했지만, 전반적으로는 아직도 부족한 면이 많다는 것을 확인했다. 코나미컵이 끝나고 우리는 곧바로 겨울 캠프에 들어갔다. 그때 내가 선수들에게 한 말이 있다.

> "아직도 부족하다는 거
> 너희들도 잘 알고 있지?
> 승리는 끝이 아니야.
> 시작이고 과정일 뿐이야."

내가 제일 싫어하는 말은 만족과 여유다. 자기 속에 빠져서 만족하는 사람에게 내일은 없다. 승리했다고 하더라도 그 사람은 패배자와 다름없다. 끊임없이 더 높은 목표를 만들고, 그것을 이루기 위해서 연습하는 것, 그것이 진짜 승리자의 자세다.

나와의 약속이 필요했다

나는 SK에 부임한 첫해부터 언론에 "올해 시즌에서 SK를 우승시키겠다"고 말했다. 부임 첫해에 자신이 맡은 팀을 우승으로 이끌겠다고 공언한 감독은 내가 처음이지 않나 싶다. 대부분은 겸손하게 적절한 목표를 제시하는 게 관례였다.

사실 2007년 시즌 시작 전에 SK 전력은 우승을 장담할 수준이 절대 아니었다. 하지만 나는 힘들수록 목표를 높게 잡아서 죽기 살기로 하겠다고 마음을 먹었다. 동계 훈련으로 선수들을 끌어올려 놓아서 어느 정도 자신도 있었다. 그렇게 해서 얻은 게 4년 동안 세 번의 우승과 한 번의 준우승이었다.

이후 2010년 시즌을 앞두고 SK는 부상자 때문에 최악의 상황을 맞았다. 그야말로 위기였다. 1군 엔트리 25명 중에서 13명이 부상으로 전력에서 제외됐으니 팀을 꾸린다는 것이 거의 불가능해보일 정도였다. 사실 2009년 가을부터 답답했다. 거의 절망적이었다고 해도 과언이 아니다. 많은 사람들이 상황이 안 좋다는 나의 발언을 두고 엄살이라고 했지만, 실제로 최악의 상황에서 움직인 게 2009년 가을부터 이어진 2010년 봄이었다. 그나마 4월 초부터 재활에 매진했던 선수들이 하나둘씩 돌아오기 시작했지만 김광현도 아파서 못 던졌고, 송은범도 오리무중이었다. 피처가 없었다. 글로버도 무릎이 아파서 쓸 수 없었다. 어떻게 하나 머릿속이 깜깜했다.

그래도 많이 걱정한 것과는 달리 시즌이 시작되면서 한화와의 2연전에서 2연승을 달리기 시작했다. 류현진이 첫 시합에 안 들어온 것이 도움이 됐다. 그러다가 3승 2패가 됐다. 속으로 '아 끝났구나' 싶은 생각이 들었다. 기아한테 2패했을 때는 안 되겠다 싶어 운동장에서 집까지 두 시간을 혼자 걸어갔다. 그때 걸으면서 든 생각이 '모든 답은 내 안에 있다……' 였다.

그것이 내가 내린 결론이었다. 핑계 대고 물러날 게 아니라, 어떻게 만들어서 승리할 건지, 그 고민을 해라. 그러기 위해서는 나부터

먼저, 내가 먼저 바뀌어야 한다.

나는 문학경기장 감독실 칠판에 '有言實行'이라고 적었다. '내가 말한 것은 반드시 지킨다'. 반드시 우승하겠다, 나 자신과 약속했다. 반드시 우승하겠다. 어떻게든 우승하겠다.

그렇게 다짐했건만 결과는 좋지 않았다. 4승 4패로 치달으면서 나는 거의 쓰러지기 직전이었다. 역대 SK의 성적상 연승으로 치고 나가야 할 시점인데 5할의 승률에 머무르고 있으니 답답했다. 잠은 안 오고, 긴장감이 극에 달했다. 잠을 못 자니까 낮에는 어지러워서 서 있기도 힘들었다. 수면제를 먹고 겨우 잠을 잤다. 그리고 연습장에 나가면 몸이 예전 같지 않고 움직임이 둔했다. 땅이 흔들리면서 눈앞으로 쓰윽 치고 올라오기도 했다. 빈속에 약만 먹으니까 현기증이 나는 것이다. 어떻게 해야 하나. 끝끝내 정신을 차려야 하는데……. 그래도 쓰러지는 것만은 참았다. 그리고 김재현과 박재홍을 데려다 특타를 시켰다.

시합에 들어가니 비로소 정신이 조금 돌아왔다. 그렇게 몸과 마음을 추슬러 SK는 16연승으로 치고 나가기 시작했다. 16연승을 하는 내내 나는 단 한 번도 편안하게 소파에 앉아서 쉬어본 적이 없었다.

有言實行
그 단어를 보고 또 보면서
우승하겠다,
어떻게 해서라도 우승하겠다,
속으로 얼마나 많이
다짐했는지 모른다.

그렇게 혹독하게 싸워서 만든 팀이 SK라는 걸 누가 알까. 우리가 겪은 과정을 알아주는 사람은 아무도 없다. 하지만 중요한 것은 나와의 약속을 지켰다는 것이다. 그것보다 더 중요한 건 없다. 그것으로 된 것이다.

어렵고 힘든 순간일수록
나 자신과의 약속이 필요했다.

3장

고맙다, 미안하다

기쁨과 슬픔은 하나다

버림으로써 지키는 것이다

보통 야구에서 투수는 5인 로테이션으로 돌아간다. 이 중에서 제 1, 2 선발은 필승 카드다. 3, 4, 5로 갈수록 투수의 전력이 떨어진다. 그래서 팀에서 가장 확실하게 승리를 보장할 수 있는 투수가 1, 2 선발을 맡는다.

그런데 SK는 이 길을 따라가지 않았다. 다른 팀이 1, 2 선발을 필승 카드로 가져간다면 우리는 다른 전략을 짤 수도 있다고 생각했다. 모든 팀이 따르는 방식을 똑같이 따른다면 상대방을 이기기는 힘들다. 여기가 리더의 전략 지점이고 고민의 출발점이다.

2010년 SK의 1, 2 선발은 가도쿠라와 고효준이었다. 에이스 김광현이 3선발이었다. 이렇게 하면 우리 팀의 3, 4 선발이 상대 팀의 1, 2 선발과 붙게 됐다. 이것은 분명 필승 카드는 아니다. 더군다나 이렇게 투수를 운용해서 두 게임을 지고 들어가면 데미지를 안고 다음 경기로 들어가게 된다.

이때 필요한 것이 감독의 연륜이다. 필승 카드는 아니지만 두 게임 중에서 한 게임은 잡고 갈 수 있도록 전략을 짠다. 그리고 사실상 우리 팀의 1, 2 선발이 출격하는 세 번째와 네 번째 게임은 반드시 잡는다. 상대의 3, 4 선발과 붙기 때문에 이길 수 있는 확률은 더 높아진다. 이렇게 해서 전체 다섯 게임 중 3승 2패 정도의 승률을 계산하고 페넌트레이스를 치루는 것이다. 이것이 바로 전략이다.

많은 사람들이 제대로 모르는 부분이 바로 이 부분이다. 김광현을 몇 번째 경기에서 썼는가 하는 것이 어떤 전략인지를 잘 모르는 것이다. 나는 결코 상대 팀 1, 2 선발과 붙는 경기에 김광현을 쓰지 않았다. 승률을 높이기 위해서다. 그렇기 때문에 김광현이 3, 4패 정도밖에 하지 않으면서 확실한 승리를 가져다줬다.

이것은 결단이라고 할 수 있다. 결단은 모든 것을 다 얻겠다는 마음에서 하는 게 아니다. 오히려 얼마나 과감하게 버릴 수 있냐가 중요하다. 이거 할까 저거 할까 망설이면 절대 결단을 내릴 수 없다.

잃을 것을 확실하게 정리하고 들어가야 한다. 버릴 때 필요한 게 용기다. 머릿속에서 미리 계산을 다 해두어야 용기를 낼 수 있다. 감으로 결단을 내리는 것이 아니라 확실한 승리 전략을 마련한 상태에서 치고 들어가는 것이다.

어떤 사람은 선수에게는 자존심 상하는 일이 아니냐고 묻는다. 김광현을 비롯해서 1, 2 선발로 나오는 투수들을 무시하는 전략이라는 것이다. 내 판단으로는 절대 그렇지 않다. 나는 SK에 있을 때 철저하게 실리를 추구했다. 당장 눈앞의 자존심보다는 전체 승률과 확률을 중요하게 생각했다. 야구는 확률이다. 확률을 어떻게 가져가서 결과를 어떻게 내느냐가 중요한 것이다.

LG 감독 시절 이상훈과 관련된 재미있는 얘기가 하나 있다. 나는 머리카락을 짧게 깎도록 팀의 규정을 만들었는데, 긴 머리가 트레이드 마크인 이상훈에게도 규정을 지키라고 했다. 그런데 "머리 잘라라" 하니까 "감독님, 머리만은 봐주십시오" 했다. 당연히 팀에서 이상훈 한 명만 봐줄 수는 없는 일이었다. 원칙은 모든 선수에게 똑같이 적용돼야 한다. 그런데도 이상훈은 "다른 것은 다 하겠습니다. 머리만은 봐주십시오" 했다. 나는 다른 걸 다 하겠다는 이상훈의 말을 조건으로 긴 머리를 받아들이기로 했다. 단, 이상훈만 사정을 봐주는 것이 아니라 그것을 전체 선수에게 똑같이 적용했다.

"허락하마. 그리고 너로 인해 앞으로 나는 선수들 머리에 관여하지 않는다."

나와 이상훈은 남자 대 남자로 약속했다. 그 이후로 나는 이상훈에게 다시는 머리 얘기를 안 꺼냈고, 이상훈은 그해 무리한 연투에도 불구하고 불평 한 번 없이 팀을 위해 희생했다. 아무리 힘들어도 나의 지시대로 움직였다.

내가 처음 이상훈을 본 건 서울고등학교에서였다. 그때 내가 인스트럭터로 가서 잠깐 가르친 적이 있다. 당시에 어려운 가정 형편에서도 참 효자라는 얘기를 들었는데, 실제 만나보니까 굉장히 마음이 착한 선수여서 인상적이었다.

감독을 하면서 마운드에서 내리고 싶었던 유일한 선수가 있었는데, 그게 바로 이상훈이다. 2002년 한국시리즈 6차전에서 이상훈이 이승엽에게 홈런을 맞으면서 동점이 됐다. 나는 그 순간 승부가 뒤집히겠다는 예감이 들었다. 그래서 마운드에 있는 이상훈에게 미안했다. 이상훈은 그날 진정한 투혼을 발휘하고 있었는데, 감독이 그런 선수를 비참하게 만들면 안 된다는 생각에 내 가슴이 아팠다.

결단은 버리는 것이다.
버림으로써 지키는 것이다.
그래서 용기가 필요하다.

미팅 때 내 얘기를 듣고 가장 빨리 변화된 선수가 있는데, 바로 송은범이었다. 나를 가장 빨리 받아들여줬다. 내가 처음 갔을 때는 좀 까불었는데, 둘째 날부터 바뀌었다. 첫날에는 엉성하게 내 말을 듣더니 다음 날부터는 메모하고 경청했다. 야구도 바뀌었다. 오키나와에서도 남아서 250개 정도 볼을 더 던졌다. 자기 위치에 대해서도 인식하고, 책임감을 가졌다.

이렇게 기본이 돼 있으면 선수가 뭘 잘못해도 긴 말이 필요 없다. 나는 누가 규칙을 어기면 벌금을 매겼는데, 발로 공 차면 얼마, 슬리퍼 신으면 얼마, 배트 넘어가면 얼마, 늦게 들어오면 얼마…… 다 정해두었다. 그리고 모든 페널티는 이유 불문하고 결과 중심으로 속결했다. "너 했지? 너도 했지? 그럼 얼마 내." 이걸로 끝이다. 어긴 사람이 열 명 스무 명이어도 5분이면 된다. 본인들이 잘못한 걸 아니까 긴 말을 하지 않아도 된다. 대신 중요한 건 죄를 미워하지 사람을 미워하지 않는다는 것이다.

이렇게 하는 이유는 도구에 애착을 가지라는 뜻에서다. 야구 선수가 도구를 소중하게 다루는 것은 기본 중의 기본이다. 고마움과 귀중함을 안다는 것이고, 그것이 곧 자기 연마다. 2002년에 LG 용병 왼손 투수가 있었는데, 강판 후에 화풀이로 글러브를 던졌다. 그것 한 번의 행동으로 300만 원 페널티를 받았다. 자신에게 화가 나서 그랬다지만, 도구 하나하나 아끼는 마음 없이는 야구를 잘할 수 없다는 게 내 생각이다. 쌍방울에서 김원형은 해진 글러브를 버리지 않고 다시 쓸 수 있도록 정비했다. 김원형이 훌륭한 선수인 이유다. 요즘 포수들은 미트가 나오면 그냥 쓴다. 내가 선수였던 시절에는 미트를 뜯어서 물에 담가뒀다가 그늘에 말려서 다시 자기 손에 맞게 조였다. 그렇게 하면 공을 받을 때 '팡' 소리가 크고 명쾌하게 나서 투수의 기분을 업시켜줄 수 있었다. 글러브도 마찬가지다. 부드럽게 해놓으면 외야수 글러브에서 공이 튕겨나가지 않는다. 또 소뼈다귀로 방망이를 문질러주기도 했다. 문지르고 또 문지르면 소뼈에서 나오는 기름이 나무 사이사이의 틈을 메워서 방망이가 더 단단해졌다. 그렇게 소중하게 관리하는 방망이였으니 품에 안고 자도 모자랐다.

    내가 프로 선수한테 인사하는 것이나 도구를 다루는 것까지 가르칠 수 있었던 건 선수들의 마음이 그만큼 순해서 가능했다. SK가 강한 팀이 된 것도 순한 마음이 있어서다. 그 위에 승리에 대한 의지가 자리 잡혀서 강할 수 있었다. 그것이 SK를 강한 팀으로 만들었다.

야구 하기 싫은 날

 감독을 하면서 가장 미안한 마음이 들었던 선수가 김원형이다. 김원형은 조직에서 자기희생이 얼마나 필요한지를 몸소 실천한 선수다. 내 기억에 깊이 남아 있다. 쌍방울 시절에 김원형을 처음 만났는데, 성격이 과격하고 직선적이었다. 투구 스타일도 정면 승부를 즐기는 스타일이었다. 나는 2007년에 SK에서 김원형을 다시 만나면서 팀의 주장을 김원형에게 맡겼다.

 그해 SK가 한국시리즈에서 우승하기까지 김원형의 역할이 컸다. 팀을 위해서 항상 뒤에서 본인을 희생했다. SK는 다음 해에도 우승하면서 2년 연속 한국시리즈 우승팀이 됐다. 내가 마음이 아픈 이유는 우승을 한 2007년, 2008년 한국시리즈에 김원형을 등판시키지 못했기 때문이다. 그런데도 김원형은 일언반구도 없었다. 주장으로서 팀을 위해 그토록 희생하면서도 자신을 등판시키지 않는 것에 대해 한 번도 불평하지 않았다.

내가 먼저 "미안하다"고 하니까 "괜찮습니다. 팀이 우승했으니까 좋은 것 아닙니까"라고 말을 하는데, 내 마음이 더 미안해졌다. 김원형은 올 시즌이 끝나고 은퇴했다. 나도 이제 팀을 떠났으니 한국시리즈에서 우승하는 해에 김원형을 등판시키는 일은 할 수 없게 됐다. 자신을 버릴 줄 아는 훌륭한 선수인데…… 오랫동안 내 미안한 마음이 사라지지 않을 것 같다.

SK가 2009년 한국시리즈 7차전까지 가는 과정은 그야말로 우여곡절의 연속이었다. 바뀐 KBO의 규정에 따라 2009년 시즌부터 무승부는 모두 패한 것으로 카운트가 됐다. 시즌 최종 결과 2008년까지의 규정에 따르면 SK가 1위로 결정돼야 했지만, 결국 0.5게임차로 기아에게 1위를 내주었다.

돌아보면 2009년 한국시리즈는 아쉬운 대목이 많다. 5차전에서 6회에 내가 퇴장을 당했는데, 그 일이 없었으면 고효준을 아꼈다가

끝내기 홈런으로 SK의 패배가 확정된 후
벤치 뒤는 울음바다가 됐다.
온갖 악조건을 참고 이겨내서 올라온
한국시리즈였다.
그래서 더욱 간절하게 우승하고 싶었다.

모든 게 내 책임이었다.
나는 눈물을 흘릴 수도 없었다.

7차전에서 쓸 수 있었을 것이다. 5차전 7, 8회에는 고효준 대신 김원형이 나갔어야 했다.

또 나는 7차전에서 3-1로 리드하고 있을 때, 호투하던 글로버를 내리고 이승호를 올렸다. 5회 2사 만루 상황이었다. 여기에서 이승호가 잘 막았다. 그런데 6회 초에서 우리 팀의 공격이 길어지면서 이승호가 감각을 잃었다. 만약 이승호를 5회 2사가 아니라 6회 시작부터 등판시켰다면 중간에 흐름이 끊기지 않았을 것이다. 이승호의 뒤를 이어 가도쿠라를 내보냈지만 역시 구위가 살아 있지 않았다. 하지만 이미 늦었다. 5-5로 동점이던 9회 말에 마지막으로 믿었던 채병용을 마운드에 올렸지만, 투 스트라이크 투 볼에서 기아 3번 타자 나지완에게 끝내기 홈런을 맞았다. 문제는 나의 무리한 투수 운용이었다. 글로버를 교체한 순간을 생각하면 아쉬운 마음이 크다. 5-1의 리드를 리더인 내가 잘못 판단해서 지키지 못했다.

응원해준 팬들에게도 너무 미안했고, 경기가 끝나고 눈물 흘리는 선수를 보고 있자니 가슴이 무너졌다. 하지만 결과는 이렇게 나왔다. 이것이 승부다. 경기가 끝나고 기아 감독인 조범현 감독이 인사를 와서 악수를 나누며 수고했다고 말해줬다.

물론 억울함이 전혀 없지는 않았다. 시즌 내내 여러 가지 조건들이 SK에게는 불리하게 돌아가고 있었다. 2년 연속 우승을 하고나니 대부분의 사람들이 SK의 3년 연속 우승을 보고 싶지 않았다고 할까. 그 와중에 박경완과 김광현이 부상으로 아웃되고, 나머지 전력으로 시즌 막판 19연승을 달려서 올라온 한국시리즈였다. 그런데 끝내 지고 말았다. 벤치의 한순간의 실수로 무너졌다.

악조건 속에서도 누구나 인정할 만큼 확실한 승리를 할 수 있을 정도로 실력이 있어야 하는데, 2009년 SK에게는 그런 힘이 부족했다. 아쉬움보다 더 큰 건 자책이었다. 나 자신에게 분하고 원통했다.

다음 날 눈을 떴을 때 가장 먼저 든 생각이 '야구 하기 싫다'였다. 태어나서 처음 있는 일이었다. 정말 모든 게 귀찮고, 진저리가 났다. 종일 마음을 다잡을 수 없었다. 결국 다음 날 다리에 힘이 풀려 응급실에 실려 갔다. 시리즈 내내 긴장감 속에서 하루 한 끼, 식은 우동을 먹으면서 무리가 된 것이다. 신경 안정제를 맞고 4시간 정도를 잘 수 있었다. 그래도 몸이 개운치가 않았다. 어쨌거나 감독인 내가 정신을 차려야 하니 문학구장 감독실로 돌아갔다. 감독실에 딱 들어서니까 생각이 돌아오기 시작했다. 우리 선수들의 웃는 얼굴이 하나하나 떠오르면서 몸이 뜨거워지기 시작했다. 신기하게도 감독실에 들어서는 바로 그 순간에 정신이 돌아온 것이다.

아무리 힘들어도

선수가 웃어주면 됐다.

순한 마음

 모든 일에 임할 때 순한 마음이 성공에 가장 가까운 마음이 아닌가 싶다. 내가 SK에 처음 갔을 때 강조했던 것이 하나 있다. 인사하는 것이다. 신임 감독으로 본부석에 앉아 연습을 지켜보고 있는데, 머리를 숙이는 선수가 없었다. 겨우 2~3미터 떨어져 있는데도 인사하는 사람이 한 명도 없었다. 그때 내가 생각한 게 선수들 실력도 없지만, 기본 예의가 참 부족하구나 싶었다.
 인사하지 않는다는 것은 상대방에 대한 존중이 없다는 것이고, 존중이 없다는 것은 겸손이 없고, 겸손이 없으면 오만하다는 뜻이다. 오만이 무슨 뜻인가. 자신의 실력을 제대로 모르고 있다는 말 아닌가. 훈련을 더 지켜보니 자기 쪽으로 날아가는 공을 제대로 잡는 선수가 없었다. 잡겠다는 의지 자체가 안 보였다. 자신의 실력도 모르고, 의지도 없다면 뻔한 거다. 그런 선수들 데리고 어떻게 야구를 잘할 수 있나. 어떻게 승부의 세계에서 살아남을 수 있나.

그래서 제일 먼저 가르친 게 인사하는 것이었다. 어디를 나갔다 들어오면 반드시 인사할 것. 나갈 때 한 번, 들어올 때 한 번, 그리고 만날 때마다. 그래도 제대로 안 하는 선수들에게는 넌 왜 인사를 안 하냐, 그때그때 지적했다.

상대가 나에게 예의를 갖추고 있다고 생각되면 나 역시 상대에게 함부로 하지 못하게 된다. 이러면서 존중하는 마음도 생기고, 그 위에 동료애도 쌓이는 것이다. 나는 이런 기본을 중요하게 생각한다. 기본이 되어 있지 않으면 아무리 야구를 잘해도 오래갈 수 없다고 본다. 선수들도 처음에는 그냥 시키니까 하다가 시간이 지나면서 스스로 중요성을 알아갔다. 내가 그쪽을 못 봤거나 다른 사람과 이야기를 나누고 있으면, 나와 눈이 마주칠 때까지 기다려주기도 했다. 변화돼 갔다. 근본적으로 심성이 순해서 가능한 일이다. 야구 선수들이 덩치만 컸지 마음은 여린 선수들이 대부분이다.

2010년 삼성과의 한국시리즈 4차전에서 우승을 확정 지은 후, 마운드의 김광현이 자신을 향해 팔 벌리고 다가오는 박경완에게 모자를 벗고 90도로 인사하는 장면은 많은 팬들에게 깊은 인상을 남겼다. 야구가 감동을 전하는 아름다운 모습이었다. 선수들 사이의 감사와 존경의 표현이 사람들의 마음을 뜨겁게 했다. 최고 에이스라고 해서 오만하지 않고 오히려 동료와 팀에게 공로를 돌릴 줄 아는 성숙함을 보여준 것이다.

　순한 마음의 중심에는 '받아들임'이 있다.
　받아들일 수 있는 사람이 결국에는 이긴다.
　그 사람은 움직이고, 그래서 성장한다.

　김광현은 처음 봤을 때부터 어떤 연습을 언제 할 건지 계획이 세워져 있는 선수였다. 스스로 언제까지 캐치볼 하겠습니다, 그 다음에 피칭 하겠습니다, 말했다. 신인이 프로에 와서 자기 방식대로 하겠다고 말하는 선수는 처음이었다. 자기가 생각한 날짜가 되어야만 와서 공을 던지고 훈련을 했다. 나는 한번 지켜보자는 생각으로 시즌 들어갈 때까지 김광현한테는 손을 대지 말고, 스스로 훈련하도록 놔두라고 지시했다. 그러다가 5월쯤이 되자 간파당하고 맞기 시작했다. 그때가 돼서야 투구 폼이나 스타일에 손을 댔다.

야구에서만큼은 김광현만큼 스케일이 큰 선수가 없었고, 만져서 망가뜨릴 수 있다는 생각이 드는 것도 김광현이 처음이었다. 그런데 한 가지 문제가 기본 예의가 부족한 점이었다. 어떤 일을 하든 사회생활의 기본은 인사다. 회사를 다녀도 "다녀오겠습니다", "다녀왔습니다" 인사를 해야 한다. "미안합니다", "감사합니다" 역시 기본 예의를 아는 사람이 할 수 있는 말이다. 그런데 김광현은 그걸 놓치고 있었다. 그래서 나는 팀 속의 김광현의 위치를 가르쳤다. 사실 그만한 선수는 콧대가 높아져 문제가 되기 쉽다. 그렇게 기본을 가르친 것에서 모자를 벗고 인사하는 모습이 나오지 않았나 싶다.

아마도 인사하는 거는 내가 있는 팀이 가장 시끄러웠을 것이다. LG 시절에 양준혁이 나하고 30미터 앞에서 눈이 마주쳤는데, 인사를 안 해서 혼냈다. 김재현도 그렇게 가르쳤다.

내가 캠프 때마다 꼭 챙겨가는 게 책이다. 두세 박스씩 담아간다. 미팅 때 선수들한테 들려주기 위해서다. 내가 읽고 좋은 내용을 다 기록해 놓았다가, 미팅 때 이야기해준다. 어떤 마음으로 연습해야 하는지, 인생을 어떻게 살아야 하는지 그런 얘기를 많이 한다. 항상 강조하는 것이 순한 마음이다. 순한 마음으로 태도를 바르게 갖고, 그 위에 강한 몸과 정신을 만들라는 것. 그래야 야구를 더 잘할 수 있다고 강조하고 또 강조한다.

순하게 살아야지 싶다.
순한 마음으로 할 말 하고,
리드할 것 리드하고,
견뎌낼 것 견뎌내는 것…….

사람을 얻으면 우승은 덤이다

2009년 한국시리즈. 비록 기아에게 졌지만 한국시리즈까지 진출한 것을 생각하면 SK라는 팀이 참 대단한 팀이라는 생각도 든다. SK는 2회 연속 우승의 후유증으로 팀 상황이 매우 안 좋은 상태에서 2009년 시즌을 맞았다. 그해는 그야말로 부상자와의 싸움이었다. 에너지를 축적할 시간은 없고, 시합에서는 이겨야 하는 상황 속에 들어가 있었다. 축적된 피로 때문에 과로가 왔고, 부상자가 속출했다.

전병두의 경우 어깨 힘줄이 하나밖에 남아 있지 않아서 시리즈 내내 진통제를 맞았다. 그럼에도 내가 시즌 막바지의 두산전에 내

보낸 이유가 있었다. 타자 한 명만 더 상대하면 규정 이닝을 채울 수 있었기 때문이다. 규정 이닝을 채운 것과 채우지 못한 것은 연봉을 산정할 때 차이가 많다. 전병두는 SK가 성적을 내는 데 큰 몫을 했다. 규정 이닝을 꼭 채워주고 싶은 게 내 마음이었다.

우승이 위기라고 하는 이유는 우승을 하기까지 SK 선수들이 상당한 희생을 했기 때문이었다. 가지고 있는 선천적인 재능보다는 지독한 훈련으로 이룬 성과였기에 한 번 우승하고 또다시 우승을 하기 위해서는 훈련의 강도가 더 세질 수밖에 없었다. 여기저기 물이 새는 게 보였다. 기운을 빼고나서 채워주지는 못하니까 그럴 수밖에 없었다. 그 속에서도 SK는 막판 19연승으로 2위에 오른 뒤 두산과의 플레이오프에서 2패에 이은 3연승으로 한국시리즈에 진출했다. 출발이 불안했다. 2패를 먼저 안고 출발했다. 그러나 고비마다 채병용이 기아 타선을 잘 막아주었다. 채병용은 6차전 3-2로 앞서던 8회 2사 1, 3루의 위기에서 다시 한 번 고비를 넘기면서 우리 팀의 승리를 이끌었다.

드디어 시리즈 전적 3-3의 마지막 7차전. 많은 사람들이 이날 경기에서 글로버를 좀 더 쓰지 않은 것에 대해 궁금해 했는데, 사실 그날 글로버는 진통제를 맞고 경기에 나왔다. 5회까지는 비교적 잘 던지고 있었지만 더 이상 쓰는 건 무리였다. 글로버는 주사를 한 대 더 맞고서라도 계속 던지겠다고 말했다. 하지만 나는 그렇게 할 수 없었다.

그 상황에서 글로버가 공을 더 던졌으면 충분히 점수를 지킬 자신은 있었다. 글로버를 7회까지 던지게 하고 나머지 2회 정도는 남은 투수들로 막을 만하다는 계산을 하지 않은 것은 아니었다. 하지만 거기까지였다. 만약 그 상황에서 글로버로 더 갔다면 글로버는 영영 투수 생활을 못할 수도 있었다. 팔의 상태가 정상이 아니었기 때문이다. 팀의 승리를 위해 선수를 희생양으로 삼을 수는 없었다. 그래서 나는 글로버를 강판시켰다.

아마도 이 일이 있고 난 뒤부터가 아니었나 싶다. 글로버가 나를 대하는 태도가 많이 달라졌다. 그 전에도 예의가 바른 선수였는데, 2009년 한국시리즈 이후에는 나를 보고 "아버지 같다"고 표현하곤 했다. 2010년 삼성과의 한국시리즈 직전에 글로버는 나를 찾아와서 보직이 어떤 것이든 뭐든지 하고 싶다고 말했다. 나는 글로버를 한국시리즈 엔트리에 넣었다. 글로버는 실제 엔트리에 뽑힐 거라고는 예상하지 못했는지 무척 놀라는 눈치였다. 왜냐하면 2009년에 비해

"이기고 싶다.
하지만 선수를 망치면서까지
이기고 싶지는 않다."

2010년에는 별다른 활약을 보이지 못하고 있었고, 8월 15일 이후로는 1군에 올라오지도 못하는 상황이었기 때문이다. 나는 글로버를 4차전 선발로 기용했고, 글로버는 4이닝 1피안타 무실점의 완벽투를 선보였다.

재활에 성공한 것도 이유겠지만, 나는 외국인 용병 투수의 마음에 내 진심이 전달됐다고 본다. 나의 진심을 알아주고, 1년 후에 나에게 더 큰 진심으로 보답해준 것이 아닌가 싶다. 프로 감독 세계에서 가장 중요한 것은 우승이다. 하지만 우승보다 중요한 건 나와 선수들 사이의 마음이고, 진심이다.

마지막 무대의 두근거림

"감독님, 가슴이 참 두근두근거려요."

마해영 선수가 나한테 와서 하는 말이다. 왜 그러냐 했더니 "4번 시켜 주셔서 정말 감사합니다" 했다. 나는 그 두근거림을 잘 안다. 그리고 고마운 마음을 말로 표현한다는 것이 어떤 것인지도 안다. 나는 선수가 열심히 연습해서 이전보다 좋아진 걸 봤을 때 가슴이 두근거린다. 선수한테 마음을 다 표현하지는 못하지만, 좋아서 그 날 저녁엔 혼자 맥주 한잔 마신다.

마해영의 두근거림은 야구에 인생을 바친 사나이의 두근거림이다. 2008년 올스타전에서 나는 마해영을 4번으로 내보냈다. 2군에 머물렀던 마해영에게 선수로서 마지막이 될 수도 있는 올스타전을 뜻깊게 만들어주고 싶은 마음에서였다. 타격감을 못 찾아 애를 먹던 마해영은 올스타전에서 3타수 1안타를 쳤다. 타점도 세 개나 기록했다. 그날만큼은 감독으로도 그랬지만 같은 야구인으로서 가슴이 뿌듯했다.

2010년 올스타전에서는 양준혁을 4번 타자로 대타 기용했다. 양준혁이 은퇴를 준비하고 있다는 이야기를 듣고 결정한 것이다. 마지막으로 기회를 주고 싶었다. 정말 열심히 야구 한 선수가 마지막을 화려하게 장식할 수 있게 하고 싶었다.

양준혁은 평범한 땅볼을 치고도 1루까지 전력질주하는 선수다. 그야말로 야구를 사랑하고 아끼는 선수다. 나는 양준혁에게 할 수 있겠냐고 물었다. "네, 할 수 있습니다" 해서 타석을 주었다. 그리고 거짓말처럼 3점 홈런을 쳤다. 그해 올스타전은 대구에서 열렸기 때문에 그날의 3점 홈런은 양준혁이 삼성 팬들에게 전하는 뜻깊은 선물이었다. 내가 그때 양준혁을 대타로 기용하지 않았다면 나 스스로 한스럽지 않았을까 싶다.

마해영과 양준혁은 야구를 위해 한 일이 많다. 한 분야에 자신의 모든 것을 쏟아부은 선수들이다. 오랜 시간 좋은 성적을 내면서 팬들에게 야구의 즐거움을 가져다줬다. 그 자체로 야구 발전에 큰 기여를 한 것이다. 마해영은 롯데와 삼성 팬들에게 많은 기쁨을 주었다. 선수 생활 말년에 부침이 있긴 했지만 삼성이 처음 한국시리즈를 우승할 때 마해영의 끝내기 홈런이 결정적인 역할을 했다.

양준혁은 말할 것도 없다. 그처럼 통산 기록을 여러 분야에 많이 갖고 있는 선수를 미국과 일본에서는 쉽게 찾기 힘들다. 젊은 선수들에게 귀감이 되는 선수가 양준혁이다. 그런 기록을 갖기 위해서는 자질만 가지고는 안 된다. 끝없이 자신의 부족한 점을 찾고, 연습하고 또 연습해야 한다. 양준혁은 야구를 그런 자세로 대하는 선수다.

요즘은 선수들이 몸 관리를 잘해 선수 생활을 오래 한다. 오래 선수로 뛰면서 많은 경험을 한 노장 선수들은 특히 팀에 꼭 필요하다. 조직을 이끄는 데 많은 도움이 된다.

야구를 사랑하는 마음으로 오래 뛰어온 선배가 후배한테 주는 영향도 크다. SK에서 말년을 보낸 조웅천이나 김원형, 안경현, 김재현도 경험이 풍부한 노장 선수였다. 이런 선수들의 경험과 기록의 가치는 반드시 인정해줘야 한다. 경험은 쉽게 얻을 수 있는 게 아니다.

노장 선수가 있기 때문에 지금의 젊은 선수가 있는 것이다.

그런데 우리 사회는 공로자에 대한 예우가 부족하지 않나 싶다. 그런 것을 높이 사줘야 하는데, 새로운 것으로만 채우려고 급급하다. 새로운 추진력, 열정만 중요하게 생각한다. 뭐든지 지나버리면 끝이고, 버리기 바쁘다. 젊은 열정이 중요하긴 하지만 많은 경험이 없으면 계속 시행착오만 일어난다.

물은 자연스럽게 넘쳐서 흘러야 한다. 그것이 자연의 원리다. 이전의 것을 다 버리고 새로 담으면 반발심이 생긴다. 우리 사회에서 항상 이런 점이 아쉽다.

나는 마지막을 정리하는 선수들의 마음을 잘 안다. 자신의 무대를 떠나기는 쉽지 않은 일이다. 야구만 하고 살았는데, 야구 생각만 하고 살았는데 야구를 떠나면 그 마음이 어떻겠는가……

물은 자연스럽게 넘쳐서
흘러야 한다.
그것이 자연의 원리다.

30년 전 그날

아는 사람은 알겠지만 SK에서 전력분석원으로 일했던 김정준 코치는 내 아들이다. 부자지간이긴 하지만 사실 감독과 코치의 관계로 지내온 시간이 더 많다. 둘 다 말이 많지 않아서 어쩌다 집에 같이 있는 날에도 서로 있는지 잘 모를 정도였다. 지금은 아들의 마음을 알지만 전에는 이런 생각이 들었다. 평생 야구만 생각하고 사는 아버지 때문에 어릴 때부터 서운한 게 많았을 텐데 왜 야구의 길을 택했을까.

"어릴 때는 서운한 적도 많았는데, 나이가 들면서 느껴지는 거에요. 아버지가 아들에게 하듯 선수들 한 명 한 명에게 저렇게 정을 쏟으시는데, 진짜 아들인 나에게는 얼마나 더 깊은 마음을 가지고 있을까. 표현만 못하실 뿐이지요. 미안한 마음을 갖고 계시다는 것도 알게 되었어요. 자연스럽게."

언젠가 아들의 인터뷰 기사를 읽고 많이 고맙고 미안했다.

처음에 아들이 야구를 한다고 했을 때 아내는 반대했다. 나는 선수들 야구 가르치느라고 신경을 못 썼다. 스스로 결정하고 책임지라고만 했다. 내야수로 뛰다가 허리 부상으로 은퇴를 생각할 때도 "알았다" 한마디만 했다. 나처럼 발도 느리고, 노력한 만큼 뛰어난 선수는 되지 못했다 싶다. 결국 선수 생활을 오래 못하고 전력분석원으로 방향을 바꿨다.

그때만 해도 국내 야구계에서는 전력분석원을 인정하지 않는 분위기였다. 야구를 잘 모르는 사람이 하는 말이라고 봤다. LG에서 전력분석 일을 시작해서 SK로 옮겨왔을 때는 팀에 책상부터 장비까지 있는 게 없었다고 한다. 장비도 구입하고 선수들 상담도 해야 하니 공간도 좀 넓혀달라고 해서 팀을 만들어나간 것이 지금까지 온 것이다. 이제는 선수들이 전력분석원들 말에 귀를 기울이는 걸 보면 우리나라 프로 야구가 그동안 많이 발전해온 것을 알 수 있다.

2007년 가을 한국시리즈. 두산과의 경기에서 2연패를 하고 나서 나는 깊은 고민 속에 빠졌다. 남은 시리즈를 어떻게 끌어나가야 하나…… 머릿속이 깜깜했다. 속이 답답해 문학구장 감독실 소파에 누워서 꼼짝을 할 수가 없었다. 유니폼을 입은 채로 몇 시간을 그렇게 있었다. 나중에 눈을 떠보니까 아들이 들어와 있었다. 경기에서 졌으니 서로 무슨 할 말이 있겠는가.

"집에 가야지" 하니까 "네, 먼저 들어가보겠습니다" 하고 방에서 나갔다. 그리고 조금 있다가 문자를 보내왔다.

"장수가 쓰러지면 안 됩니다. 힘내세요."

순간 정신이 들어 시계를 보니까 새벽 2시가 넘어 있었다. 배에서 소리도 나고, 배가 고프다는 생각도 들었다. 흐트러진 정신을 붙들어매야 했다. 내가 쓰러지면 안 된다. 잠깐이라도 약해진 내가 한심했다.

30년 전에 똑같은 일이 있었다. 1977년 황금사자기 전국고교야구 8강전. 신일고와의 경기에서 내가 이끌던 충암고가 0-2로 앞서 가다가 연속 안타에 이은 3점 홈런을 맞고 역전패했다. 그때 아이들이 "이제 우리 대학에 어떻게 가노" 땅을 치며 울었다. 그날 경기에서 이겼으면 4강전에 진출해서 대학 진학도 보장이 되는데, 졌으니

울고 난리가 난 거다. 나도 눈물이 났다. '난 지금까지 뭘 했나……' 싶었다. 모든 게 내 책임이었다. 그날 동대문운동장에서 집까지 걸어가는 동안 온몸에 힘이 빠져서 집에 들어서는 순간 주저앉았다. 스파이크를 벗지도 못하고 그렇게 쓰러져 있었다. 그때 아들 나이가 일곱 살쯤 됐는데 어린애가 이상하니까 옆에서 한참을 서 있었다.

힘 내시라는 아들 문자를 받고나서 30년 전 그날이 떠올랐다. 지금까지 한국시리즈에서 초반 2연패 후에 역전승을 이루어낸 경우는 단 한 번도 없었다. 하지만 뭔가 할 수 있겠다는 생각이 들었다. 마음이 편해지고 자신감이 생겼다.

아들은 아버지와 같은 길을 선택한 이후로 무슨 일을 해도 늘 아버지 이름이 먼저 나와 속을 끓였다. 잘할 때도 못할 때도 모든 게 아버지와 연결이 되니 얼마나 힘들었겠는가. 그 속에서도 최고의 전력분석원이라고 인정받는 걸 보면 혼자서 많이 노력하지 않았나 싶다. 야구에 정말 깊이 들어와 있다는 걸 느낀 후로는 오히려 내가 조언을 많이 듣고, 배우는 게 많다. 믿음이 간다. 옆에서 이렇다 저렇다 말해주진 못하지만 내가 야구를 통해서 인생을 배운 것처럼 아들도 많은 것을 배우지 않을까 싶다.

내가 2009년 한국시리즈 6차전 기아와의 경기를 앞두었을 때다. 당시 기아 감독 조범현은 내가 충암고 감독을 할 때 나의 제자였다. 대구 출신인 조범현을 내가 직접 스카우트해서 지도했었다. 그리고 2009년 한국시리즈에서 상대 감독으로 만난 것이다. 우리 선수들은 반드시 기아를 이겨야 한다는 투지가 강했다. 나도 그랬다. 스승이 제자한테 쉽게 질 수는 없지 않나.

그날 경기에서 내가 5차전에 퇴장을 당한 것도 거기가 승부처였기 때문이다. 6회 말에 나주환이 실책한 타구는 완벽한 병살 코스였다. 상대 팀 김상현도 승리를 위해서 그렇게 한 것이겠지만 나주환을 향해서 다리가 심하게 들어왔다. 나는 그 시점이 시리즈의 중요한 기점 중에 하나라고 봤다. 3차전 신경전이나 전체적인 분위기에서 우리 선수들이 조금 처져 있다고 생각했다. 그래서 퇴장을 불사하고 선수들을 불러들였다. 이유가 어찌되었든 결국 5차전은 점수를 한 점도 뽑지 못하고 졌다.

다음 날 집사람한테 전화가 왔다. 괜찮냐고 해서 괜찮다 하니까, "범현이도 아들인데 미워하지 말아요" 했다. 나도 하루가 지나니까 다 정리가 됐다. 이렇게도 이기고, 저렇게도 지는 게 야구 아닌가 생각이 들었다. 어쨌든 조범현이 감독이 돼서 팀을 성장시키는 것을 보면 나한테는 그게 다 보람이었다. 야구 발전에도 큰 도움이 된다.

나는 선수들한테 야구 가르치느라고 내 자식들 입학식, 졸업식에 한 번도 가본 적이 없다. 사적인 시간이 있으면 그 시간에 하나라도 더 가르치는 게 맞다고 생각해서다. 이런 말을 하면 안 되지만 감독을 하면서 리더에게는 가정이 있을 수 없다는 생각을 많이 했다. 가족에게는 미안한 일이다.

우리 가족은 정말 나를 위해 헌신을 해줬다. 내가 야구 생각만 할 수 있게 만들어줬다.

아내는 나를 만나기 전부터 야구 팬이었다. 그런데 야구 감독과 결혼하고 나서는 오히려 야구장에 가지 못했다. 언론에는 내가 징크스 때문에 가족들을 경기장에 못 오게 한다고 알려진 거 같은데 그건 아니다. 이기든 지든 항상 안 좋은 소리가 나오니까 그런 꼴 안 보게 하려고 오지 말라고 한 거다. 결혼하고 나서 아내가 야구장에 처음 온 게 내가 1,000승을 했을 때니까 거의 40년 만에 온 것이 아닌가 싶다.

딸들은 나한테 "집에 놀러 오세요" 한다. 1년에 두 번밖에 안 들어간 해도 있으니까 나도 "그래, 놀러 갈게" 한다. 어쩌다 집에서 자다가 새벽에 화장실 가려고 깨면 여기가 어디지 할 때가 있을 정도였다.

2002년에 LG에서 잘리고 나서 집에 가니까 집사람하고 딸들이 현관에 나와 있었다. 나는 손을 흔들면서 "여러분, 나 잘렸어요" 했다. 어깨가 처져서 들어가면 가족들이 힘들어지니까 일부러 웃었다. 내가 손을 흔드니까 아내와 딸들이 하이파이브를 해줬다.

힘들 때마다 가족을 생각하면 '내가 약해지면 안 된다' 생각이 들어서 정신을 차린다. 많이 고맙고 또 미안하다.

할 수 있을 것 같았다.
길이 있을 것 같았다.

4장

나답게 싸우고, 나답게 물러날 뿐이다

끝끝내 이기는 야구, 그리고 인생

나는 믿는다

40년이 넘도록 야구 감독을 하면서 느낀 것 중에 하나가 사람이 참 쉽게 몰릴 수 있다는 것이다. 그걸 몸으로 경험하고 수없이 부딪힌 사람이 내가 아닐까 싶다. 나는 이렇게 얘기했는데 저렇게 얘기했다고 알려지고, 이렇게든 저렇게든 할 말 했을 뿐인데 그게 순수하게 받아들여지지 않았다. 세상 사람들 눈에 안 맞고, 그 사람 기분을 맞춰주지 않는다는 게 야구 발전을 위한 생각보다 더 가치가 있다고 생각하는 사람들이 많았다.

위에 당하는가, 밑에 당하는가 기로에 섰을 때 내 철칙은 위에 당하는 거다. 어쩔 수 없이 손가락질을 받을 처지라면 위에서 받아야 한다. 그것이 리더다. 위에 잘 보이려고 무조건 시키는 대로 하면 내가 어떻게 선수들을 가르칠 수 있나. 야구 사랑하는 마음으로 하라고, 그것밖에 못하느냐고, 더 절실하게 하라고 어떻게 말할 수 있나. 손가락질을 받을 때 나 하나 편하자고 생각하면 나도 쉽게 야구 할 수 있다. 하지만 감독이 그러면 이미 그 조직은 망한 조직이다. 감독이 자기 자리를 정확히 지켜야 선수들이 야구에만 집중할 수 있다. 내가 욕을 먹든 안 먹든 그건 나중 문제다. 내가 감독으로서 그렇게 하지 않으면 선수들은 눈치를 보기 시작하고, 그때 그때 편한 길을 선택해서 살아간다. 세상과 타협하고 적당히 한다. 다 같이 망하는 길이다.

솔직히 답답할 때가 많았다. 모두가 순리대로 살아가면 되는데, 그게 이렇게까지 어려운 일인가 싶을 때가 있다. 내가 야구계에 싫은 소리를 하면 그게 또 문제가 되고, 선수들 훈련을 시키면 혹사시킨다고 비판하고, 내 자신이 이득을 보려고 한 건 없는데 결국 나만 나쁜 놈이 됐다. 속이 탈 때가 많았다.

내가 아무리 혼자 싸워봐야 나만 슬프다 싶다. 주변에서 같이 움직여주질 않는다. 잘못된 일에 대해서 이의를 제기한 사람이 욕을 먹는 일이 반복된다. 너무 괴로워서 며칠 눈과 귀를 닫고 있으면, 세

쉽지가 않다.
사는 게 쉽지가 않다.

상은 계속 돌아간다. 나만 혼자고 세상은 거짓으로든 뭐든 계속 움직인다. 힘에 부친다 싶다. 정말 이렇게까지 힘이 드나, 이렇게까지 이해를 못해주나 싶어서 나도 마음에 상처를 받는다.

내가 바라는 것은 하나였다. 나 김성근을 이해해달라는 것도 아니고, 내가 하는 야구를 이해해달라는 것도 아니다. 야구를 이해해달라는 거, 내가 바라는 건 그거 하나다. 매스컴에 야구를 똑바로 보라고 말하는 것도 다 이런 뜻에서다. 나도 덮을 건 눈에 안 보이게 덮어버리고, 옆 사람들이 어떻게 생각하나 눈치 살피면서 야구 할 수 있다. 그런데 그렇게 하면 야구 발전에 도움이 안 된다. 해만 끼친다. 정직하고 순수하게 열심히 하는 선수가 울고, 눈치 보고 재주 부린 선수가 웃게 된다. 그러면 야구는 오래 못 간다.

인생도 똑같다. 더러운 거 덮는다고 덮어지는 게 아니다. 눈에는 안 보일지 몰라도 결국 속에서는 썩어간다.

2002년 한국시리즈 6차전만 생각해도 그렇다. 그냥 승자 위주로 넘어간다. 내용을 보면 석연치 않은 점이 많다. 그러나 승자와 패자가 갈릴 뿐이지 내용을 이야기하는 사람이 하나도 없다. 그냥 덮어버린다. 그러니까 강자가 독식하고, 돈 많은 사람만 잘 사는 세상이 만들어진다. 야구를 위해 준비한 노력과 실력은 다 필요 없어지는 것이다.

룰이 정확해야 한다. 그러면 둘 다 인정받을 수 있다. 이긴 사람, 진 사람 다 똑같이 인정할 수 있다. 나는 야구 말고 세상일은 잘 모르니까 세상일은 빼버려도 스포츠에서는 반드시 룰이 지켜져야 한다고 본다. 그게 기본이 돼야지, 납득할 수 없는 결과를 그냥 덮고 넘어가서는 절대 안 된다.

내가 어떻게 당하고 사는지 가족들은 다 안다. 옆에서 지켜보기도 힘이 드니까 이제 그만하라고 할 때도 있다. 순수하게 야구 생각만 하고 사는데도 사람이 비참해지니까 그런 말을 하는 것이다. 옳다고 박수쳐주는 사람은 하나도 없고, 혼자서 싸우니까 그런 말이 나오는 것이다.

2009년 8월, 군산에서 기아에게 경기를 지고 온 다음 날, 날이 무척 더웠다. 기온이 30도를 넘었는데 벤치에 혼자 앉아서 1시간 반을 고민했다. 그때 든 생각이 그거다.

'아, 내가 지금 뭐하고 있나……'

9회에 있었던 볼 판정 몇 개가 전체 시즌을 결정해버렸다. 고의적이진 않았겠지만, 분명 잘못된 것이었다. 2002년 한국시리즈 6차전이 생각났다. 하지만 누구 하나 그 부분에 대해서 말하는 사람이 없었다. 100명이 넘는 SK 팬이 군산까지 왔는데 미안한 마음과 분한 마음이 들었다. 내가 이렇게 살아야 하나…… 별 생각이 다 들었다. 하지만 아무 말도 하지 않았다. 패자로서 이런저런 말을 늘어놓기가 싫었다. 그때 야구장까지 2시간을 걸었다. 폭염 속을 걸으면서 '세상 참 힘들구나' 생각했다.

그해 봄부터 팀 바깥에서 여러 가지 문제가 있었다. 경기 중에 발생하는 문제라 더욱 힘들었다. 하지만 한 마디도 하지 않았다. 그렇게 몇 십 년을 살아왔다. 거북이처럼 기다리고 천천히 앞으로 가고자 했다. 그러면서 남은 시즌을 싸워나갈 계획을 다시 세웠다. 내가 가질 수 있는 것은 야구에 집중하고 진실한 마음으로 경기를 해나가면 나중에라도 사람들이 알게 될 거라는 믿음뿐이었다.

LG 감독을 그만둘 때도 심판에게 항의했다는 둥 선수에게 어떤 말을 했다는 둥 잡음이 많았다. 사실을 알면 다 틀린 이야기다. 일이 다 일어나고 나서, 내가 오해를 다 받고 나서야 사람들이 그런다. "감독님 말이 맞았습니다" 한다. 그리고 왜 그때 바로 해명하지 않았느냐고, 왜 변호하지 않았느냐고 묻는다. 오해를 받는 상황에서 내가 말을 해봐야 다 변명이고 해명에 불과하니까 말을 안했던 것이다. 이미 다 밖에서 그렇게 만들어 놓았는데, 나 혼자 옳은 소리해봐야 소용이 없다.

감독을 하면서 몇 번이고 시즌 중에 옷을 벗을까 생각도 했다. 하지만 그건 야구 팬에 대한 예의도 아니고, 어떤 경우든 남아 있는 경기는 내 선수들과 함께 이겨나가자고 마음을 다스렸다. 뭐든 인내하자고 마음먹고, 오래 걸려도 진실은 나중에라도 꼭 밝혀진다고 믿으면서 살았다.

생각해보면 나는 그 믿음 하나로 지금까지 혼자 싸우면서 살아오지 않았나 싶다. 진실은 마라톤이라는 생각이 나를 나로 살아가도록 하지 않았나 싶다.

세상에 버릴 사람은 없다

나는 선수를 활용하는 것은 순전히 윗사람 능력이라고 생각한다. 내가 SK에 있을 때 선수가 모자라 쩔쩔매는 일이 많았다. 그럴 때마다 새로운 선수를 영입하는 것보다 현재의 부족한 선수들을 어떻게 활용할 것인지를 많이 고민했다.

99개의 공을 제대로 못 던져도, 1개의 공을 잘 던졌을 때 나는 그 1개에서 가능성을 찾는다. 세상 어디에도 버릴 사람은 없다. 버릴 선수는 단 한 명도 없다. 누구나 한 가지의 장점은 가지고 있다. 그걸 발견하고 키워주는 게 감독이다. 그런데 1퍼센트의 가능성을 발견하고, 그것을 100퍼센트로 끌어올리는 데 시간이 걸리니까 주위에서 계속 반대 의견이 들어온다. 왜 선수 안 바꾸냐고 한다. 만들 생각은 하지 않고, 쉽게 버리고 빨리빨리 바꾸려고만 한다.

나는 어떻게든 선수를 안고 갈 수 있으면 내가 욕을 먹는 한이 있더라도 그렇게 한다. 그 선수를 데리고 있는다. 나 하나가 욕을 먹으면 그 선수 하나를 살릴 수 있기 때문이다. 대신에 나는 결과를 내기 위해서 선수를 혹독하게 훈련시킨다. 어떻게 해서든 이길 수 있게 만들어야 하니까 그렇다. 승리해야 내가 안은 선수들이 야구를 할 수 있고, 밥도 먹을 수 있다. 나는 남들은 잘 못 찾아내는 선수들의 숨겨진 가능성을 잘 찾아내는데, 찾아내려고 애를 쓰기 때문이다. 내가 선수를 안고 가기 위해서 어떻게든 그 가능성을 찾아내야 하니까 찾게 되는 것이다.

이승호는 2009년에 LG 생활을 정리하고 SK로 온 투수다. 한 10년을 LG에서 뛰었다. 전성기에는 LG의 핵심 선발 투수로 활약했지만, SK로 올 당시에는 힘이 많이 떨어진 상태였다. 그때까지 이미 수술을 두 번이나 했고, 나이도 서른세 살이었다. 많은 사람들이 이승호의 재기 가능성을 낮게 봤다. 하지만 나는 이승호가 충분히 던질 수 있다고 봤다. 그리고 나의 기대대로 2010년 삼성과의 한국시리즈에서 큰 활약을 해줬다. 3차전 2-1로 앞선 무사 2루의 위기에 나가서 2.1이닝을 무실점으로 역투한 것이다. 시리즈에서 이처럼 호투하기란 쉬운 일이 아니다. 결국 그날 경기의 승리 투수는 이승호가 됐다. 나중에 사람들한테 들어보니까 그날 경기가 끝나고 언론과의 인터뷰에서 이승호가 이런 말을 했다고 한다.

"8년 전에 못 던져서 마음이 아팠는데, 이제 김성근 감독님과 재현이 형과 함께 웃을 수 있게 돼서 기쁘다." 2002년 한국시리즈, LG와 삼성 경기를 두고 하는 말이다. 그때 9-6으로 앞선 9회 말에 등판해서 볼넷만 주고 내려온 상황을 말하지 않나 싶다. 나는 이승호를 내리고 마지막 카드로 이상훈을 올렸지만, 이승엽과 마해영의 연속 홈런으로 패하고 말았다. 팬들도 그렇겠지만 나에게도 잊지 못할 승부의 장면이었다.

가득염도 롯데에서 포기한 선수였지만 SK에 와서 4년을 더 야구했다. 그만두겠다는 걸 내가 더 하자고 했다. 롯데에서는 가득염을 롱릴리프로 봤지만 나는 SK에서 가득염을 원포인트 릴리프로 활용할 생각이었다. 롱릴리프로서는 힘에 부칠지 모르지만 원포인트로는 아직도 충분한 능력을 갖고 있다고 봤다. 그래서 선수 생활을 끝내고 코치 준비를 하려는 것을 내가 잡았다.

"나랑 더 하자, 할 수 있어."

그렇게 해서 은퇴해야 할 선수로 여겨졌던 가득염은 이후 4년이나 더 야구를 했다. 그것도 2007년과 2008년 60경기 이상 등판하면서 SK의 한국시리즈 진출에 제 몫을 확실히 해줬다. 롯데에서 선수 생활을 시작한 가득염은 야구밖에 모르는 순한 선수다. 그래서 19년이라는 오랜 시간을 현역으로 뛸 수 있었다. 분야를 막론하고 한 분야에 몸담은 시간이 20년에 가깝다는 것은 의미 있는 일이다. 그 대미를 SK에서 장식한 것도 나에게는 의미가 컸다.

김재현도 LG에 있을 때 고관절 수술을 했고, 팀에 있기 힘든 상황이었다. 하지만 김재현은 쉽게 포기하는 선수가 아니다. 나는 김재현이 충분히 더 뛸 수 있다고 믿었고, 이후 4년이나 더 선수로 뛰었다.

박정환은 삼성에서 잘렸지만, 작년 봄에 잘했다. 그걸로 스타트를 끊었다. SK 시절 박정환은 시즌 내내 쉬는 날이 없었다. 일 년 내내 연습했다. 준비 과정이 정말 철저했다. 나는 박정환을 특타를 시켜 놓고, 나중에 쓰려고 박정환을 상대로 하는 피처도 훈련을 시켰다. 나는 OB 감독 시절부터 2군을 체계적으로 도입해서 팀을 운영

세상에 퍼펙트는 없다.
하나만 있어도 최고다.
그 하나로
가장 빛나면 된다.

했는데, 2군 선수에 나처럼 많이 관여하는 감독도 없을 것이다. 동계 훈련을 떠날 때도 가능성 있는 2군 선수들을 최대한 많이 데리고 간다.

  2군과 1군의 차이를 좁히는 것은 매우 중요하다. SK 때는 더욱 철저하게 그 차이를 좁혔다. 차이가 좁으면 선수가 더 클 수 있다. 박경완이 부상일 때 정상호가 그 자리를 대신하려면 더 연습해야 되고, 그게 발전의 기회가 된다. 그런 상황이 왔을 때 기회로 삼으려면 선수들 간의 기량 차이를 좁혀 놓아야 한다. 김연훈도 최정이 경기에 나설 수 없을 때 나갈 수 있도록 모든 준비가 돼 있었다. 1군 선수와 차이가 많이 나 있는 상태에서 그 자리를 채우려고 하면 부족함만 드러나지만, 기량이 올라와 있는 상태에서는 그 자체로 발전하게 된다.

  결국 리더에 따라서 선수들이 살기도 하고 죽기도 한다. 열 개에서 열 개를 다 바라면 쓸 수 없다. 실력이 조금 떨어지는 선수라고 해서 버리는 게 아니다. 모두 뛰어난 실력을 가질 수 있도록 만들어 주어야 한다. 열 개 중에서 하나만 잘해도 살릴 수 있다. 그 하나를 가장 빛나게 하기 위해서 끝끝내 노력하는 사람이 진정한 리더다.

안간힘이 두려움을 뛰어넘게 한다

SK에 처음 왔을 때 훈련이 끝나면 매일 정신 교육을 했다. 고교 선수도 아니고 프로 선수들한테 정신 교육을 한다는 게 말이 되냐는 비판도 있었다. 하지만 내 생각은 다르다. 내가 선수들에게 가장 먼저 묻는 것은 야구가 자신한테 무엇이냐는 것이다. 열이면 열, 자신의 모든 것, 생명과도 같다고 말한다. 모범 답안이다. 모범 답안은 쉽다. 감독은 이 모범 답안을 선수의 '진심'으로 바꿔줘야 한다. 나는 선수에게 "생명과도 같은 야구를 위해 앞으로 어떻게 하고, 또 어떻게 살아갈 것이냐"고 질문한다. 쉽게 답이 나오지 않는다. 나는 그 대답을 종이에 적어보라고 하는데, 그때부터 선수들의 얼굴에서 웃음기가 사라진다. 지금까지 입으로만 야구가 중요하다고 말했지 실제 야구를 잘하기 위해서 어떻게 해야겠다는 구체적인 계획을 세워본 적이 없기 때문이다. 모두 당황해한다.

감독이 선수에게 자신의 생각과 계획을 억지로 강요하는 것은 옳지 않다. 선수 스스로 자신의 계획을 세우도록 해야 한다. 연습은 혹독하게 몰아치지만, 그 밑바탕에는 스스로의 강인한 정신력이 깔려 있어야 하기 때문이다.

나는 선수들에게 아주 디테일한 부분까지 질문한다. 내년에는 어떤 테마를 갖고 살 건지, 캠프에서는 어떤 생각으로 훈련할 건지, 팀에서의 생활은, 부상이 생겼을 때는, 슬럼프에 빠졌을 때는……. 이런 문제들에 대해서 구체적으로 생각하고 글로 써보게 한다. 자신과의 약속을 정하고, 또 지키게 하기 위해서다.

이 과정을 통해 선수들은 자신의 야구 인생의 주체가 된다. 스스로 아주 구체적인 계획을 갖게 된다. 위기가 와도 당황해서 흔들리지 않는다. 선수들이 작성한 리포트는 내가 직접 읽고 잘 보관해둔다. 그리고 선수가 힘들어 할 때나 내가 가르치는 게 막힐 때마다 꺼내 본다.

안간힘도 이렇게 계획이 구체적으로 서야 나온다. 안간힘을 써본

선수와 내가 한곳을 바라보면
그때부터는 혹독한 연습이 가능해진다.
이러다가 죽을 수도 있겠다,
선수 스스로 한계선을 그으면
내가 개입해 끌어올려준다.
더 성장할 수 있도록 내가 나선다.

선수는 말로만 야구를 했던 선수와는 다르다. 안간힘으로 했다고 해서 한계에 부딪혔을 때 두렵지 않은 것이 아니다. 두려운 건 똑같지만 그것을 뛰어넘게 해주는 것이 안간힘이다. 다음에 올 더 큰 두려움도 뛰어넘을 수 있는 강인한 사람으로 만드는 것이다. 내가 지옥훈련을 하는 이유는 선수들에게서 이 안간힘을 끌어내기 위해서다.

SK 때 손을 안 댄 선수가 없지만 그중에서도 가장 밑바닥부터 만들어낸 선수가 바로 최정이다. 지금이야 대한민국에서 3루 수비 1위의 선수지만 처음에는 공도 제대로 잡지 못하는 선수였다. 도저히 내야수라고 할 수 없었다. 그야말로 아무것도 없는 상태.

그러나 나는 최정을 반드시 좋은 선수로 만들겠다는 결심을 했다. 그때부터 하루에 펑고를 1,000개씩 쳐줬다. 보통 선수들은 500개만 해도 나가떨어졌다. 코치들도 펑고를 치다 힘이 다 빠져버렸다. 그러면 내가 이어갔다. 글러브가 밑에서 올라오느냐 위에서 내려오느냐에는 큰 차이가 있는데, 최정의 경우는 생각만 앞서서 글러브가 밑에서 올라오고 있었다. 당연히 가는 공마다 놓쳤다. 그러나 최정의 장점은 잡으려고 달려든다는 점이었다. 의지와 욕심이 있는 선수였던 것이다. 이런 경우는 더 센 훈련을 시켜서 성장시킬 수 있다. 최정 스스로 받아들일 준비가 돼 있기 때문이다. 평고를 1,000개 받으면 당연히 온몸이 파김치가 되고, 성질이 나게 돼 있다. 그런데 바로 이렇게 몸에 힘이 빠져야 공을 제대로 잡을 수 있다. 힘이 빠지면서 미트가 자연스럽게 위에서 내려오는 것이다. 나는 이제 더 목청을 높여 야단을 친다. 최정에게는 그것이 격려가 된다는 걸 알기 때문이다.

태평양 시절의 일이다. 팀의 고참 투수였던 임호균을 방출하라는 구단의 지시가 떨어졌다. 그런데 감독인 내 눈에는 방출할 선수가 전혀 아니었다. 임호균은 경험이 많은 노장 선수다. 나는 내 판단대로 경기에 내보냈다. 그날 경기에서 패하자 사장에게서 바로 전화가 왔다. 쓰지 말라고 하는 선수를 쓰고 나서 졌으니 화가 난 것이다. 나는 전화를 받지 않고, 선수들을 집합시켰다.

"야구 이렇게 못하겠다. 그만두겠다."

그러고 나서 비서실에 올라가니까 비서실이 뒤집어졌다. 나는 사장한테 말했다. 선수단 운영의 전권을 나에게 준다고 해놓고 왜 약속을 지키지 않냐고 했다. 다행히도 사장은 나를 이해해주었고, 다

누구든 야구가 좋아 야구에 달려든다면,
그가 성장할 수 있도록 내가 나설 것이다.
1,000개고, 2,000개고 공을 올려줄 것이다.

음부터는 정말 야구에만 올인할 수 있었다. 그렇게 하면서 만든 게 바로 태평양 돌풍이었다.

　여기에는 두 가지 원칙이 있었다. 하나는 야구만 생각해야 한다는 것이다. 야구를 잘하기 위해서는 야구만 생각해야 한다. 윗선의 판단이 틀렸다고 생각될 때는 그 지시에 흔들려서는 안 된다. 노장 선수든 신인 선수든 리더가 생각하고 판단해야 한다. 내가 그 선수를 믿으면 훈련을 통해서 쓸 수 있는 선수로 만들면 된다. 태평양의 임호균이 그랬고, SK의 김재현이 그랬다. 내가 믿으면 믿을수록 훈련을 확실하게 시키고 경기에 내보내는 것이다.

　또 하나는 책임은 내가 진다는 것이다. 내가 선수를 쓰는 것은 나의 판단이고 거기에 따르는 책임은 감독인 내가 진다. 내가 책임을 진다는 마음이 확고해야 다른 간섭에서 자유로울 수 있다. 나는 지금까지 감독으로서 항상 자유를 주장했다. 나한테 선수들 운용 전권을 달라고 했다. 그리고 그것이 받아들여지지 않으면 꺾이는 한이 있어도 타협하지 않았다. 이것은 감독으로서 자기 훈련과도 같다.

　훈련은 약속이다. 자기와의 약속을 지킬 때, 야구는 그때 완성될 수 있다.

두려운 건 기다림이 아니다

나는 잘 기다리는 편이다. 감독의 가장 중요한 덕목은 '인내'가 아닐까 싶다. 무조건 참고 기다리는 게 아니다. 앞으로 한발 더 나아가기 위해서 기다리는 것이다. 톱 플레이어 출신 감독들과 나의 큰 차이점 중 하나가 선수들을 기다려주는 일이지 않을까 한다. 사람은 누구나 자신의 경험 안에서 모든 것을 판단한다. 톱 플레이어들은 자신들의 타고난 재능을 다른 선수들은 가지고 있지 않다는 것을 놓칠 때가 있다. 예를 들어 타고난 유연성이 있어야 공도 잘 던질 수 있는데, 이런 점을 고려하지 못하고 자신의 성과만 생각하고 선수들을 지도하는 것이다. 뻣뻣함을 어떻게 부드럽게 만들지에 대한 고민부터 시작돼야 하는데, 그 과정을 생각하지 못한다. 잘못하면 선수의 어깨가 금방 나가버릴 수도 있다. '밑'을 알아야 '위'도 잘 알 수 있는데, 그게 잘 안될 때가 있는 것이다. 특히나 실력이 부족한 선수를 가르쳐서 그 선수가 재능을 발휘할 때까지, 또 실력은 출중하지만 슬럼프에 빠져 헤어나오지 못하는 선수가 회복될 때까지 기다려주지 못한다. 자신이 그런 과정을 거쳐본 적이 없기 때문이다. 그래서 스타플레이어를 거쳐서 감독이 된 사람들은 잘하고 있을 때는 더 잘할 수 있는데, 한번 궁지에 몰리면 어떻게 헤쳐나와야 하는지를 잘 모른다.

곰곰이 생각해보면 내가 인내할 수 있었던 것은, 가난하고 힘들게 야구를 했기 때문이 아닌가 싶다. 힘든 일을 겪은 사람이 힘든 상황에 처한 사람의 심정을 안다고, 나는 소위 스타플레이어들처럼 화려한 야구 인생을 살아오지 못했다. 현역 시절에 대단한 스포트라이트를 받은 것도 아니었고, 투수로서 팔을 혹사한 탓에 선수로 빛났던 시절도 짧았다. 프로 감독이 되어서도 한국시리즈 첫 우승을 한 것이 2007년이었다. 프로 감독이 된 지 25년 만에 이루어낸 결과로, 그때 내 나이가 예순여섯 살이었다.

나는 느리지만 한시도 쉬지 않고, 한순간도 포기하지 않고 야구

거북이처럼 살고 싶다.
한발 한발 우직하게 내딛으면서.
때로 길이 막히면 토끼는 뛰어가겠지만,
거북이는 가만히 서서 고민하고
때를 기다려 자기 갈 곳을 찾아간다.

고민하면서 자신과 싸우고 세상과 싸운다.
그 속에서 살길을 찾는다.

를 해왔다. 느린 만큼 부지런하게 움직였다. 부지런하게 움직인 만큼 승리에 대한 의지가 누구보다 강했다.

느려서 좋은 것이 있다. 모든 것에 눈과 귀를 열고 내 것으로 흡수할 수 있는 것이다. 나는 거북이처럼 느리게 살면서 선수들이 변화할 때까지 기다릴 수 있었다. 선수들이 마침내 성공할 때까지 인내하고 기다리는 게 가능했다. 끝까지 함께할 수 있었다.

거북이처럼 살아야 하지 않을까 싶다. 거북이는 뒷걸음질을 하지 못한다. 묵묵히 앞으로만 나아간다. 사람도 일단 결심을 하면 옆을 보거나 뒷걸음치지 않아야 한다. 인생을 살면서 어렵다고 포기하고, 힘들다고 피해버리는 사람들이 있다. 재주 부리면서 요령 피는 사람들도 있다. 토끼처럼 사는 사람들이다. 토끼는 어려움이 있을 때 재빠르게 뛰어서 도망가버린다. 거짓말하고, 요령 피면서 위기를 모면한다.

거북이는 다르다. 거북이는 위기를 만나면 머리와 두 손, 두 발을 제 몸 안으로 깊숙이 웅크린다. 사람도 그렇게 해야 한다. 모든 질문을 자신한테 던지면서 가만히 고민할 줄 알아야 한다. 가만히 묵묵하게 고민해야 한다. 그 고민 속에 인내도 있고, 답도 있다.

사실 감독이나 선수나 거북이 같은 자세로 야구하면 성공한다. 항상 인내하고, 눈과 귀를 열고 순수한 마음으로 받아들일 건 받아들여야 한다. 나는 지금도 선수에게 배우는 게 무궁무진하다. 이병규가 타격을 하고 있을 때 좋은 기술을 발견하면 가서 물어본다. 어떻게 한 거냐고 물어본다. 거기서 내가 배우고, 그것을 다른 선수들한테 가르쳐준다. 고교 야구 선수한테도 배우는 게 있고, 경기가 끝나고 기자와 인터뷰를 하면서 경기 흐름에 대해서도 배우는 게 있다. 우리나라 코치나 선수가 외국 가서 배울 게 없다고 다시 돌아오는 걸 보면 참 안타깝다. 실제로 그런 사람은 다 실패했다.

배움이라는 것은 구두닦이에게도 배울 게 있다. 배울 자세가 되어 있냐 아니냐의 문제다. 모든 손가락이 자신을 향하게 하고 순수한 마음으로 인내할 수 있느냐의 문제다.

길가에서 사과를 파는 사람은 그 먼지 나는 길 위에서 고민하는 게 있다. 먼지 속에서도 사과의 붉은 빛이 반짝거리도록 상처 나지 않게 잘 닦아야 하고, 닦은 사과의 어느 쪽을 앞으로 해야 햇빛에 반사돼서 예쁘게 보일지도 고민한다. 사과를 놓는 각도까지 생각하는 것이다. 이런 것이 다 사람의 지혜다. 내가 나이가 들수록 배울 게 더 많은 것이 이런 이유다. 사소한 것 하나에도 사람의 지혜가

담겨 있어서 배울 게 점점 더 많아지는 것이다.

 누군가를 믿고 기다려준다는 것은 생각처럼 쉽지 않다. 하지만 사실은 기다리는 것이 힘든 게 아니다. 확신이 없으니까 힘들고 두려운 거다. 모든 기다림이 해피엔딩이 될 수 없다는 걸 생각하니까 두려운 거다. 기다림의 끝에 실망만 남게 돼도 그것마저 불평 없이 감수해야 하는데, 그것이 힘든 것이다.

 결과가 안 좋다고
 자신의 믿음을 저버리는 인내는
 선수를 속이고, 나를 속이는
 말장난에 그칠 뿐이다.

 지금은 은퇴했지만 신윤호라는 투수가 있었다. 2001년 LG 2군 감독 시절에 처음 만났다. 신윤호는 150km의 빠른 공을 갖고 있었다. 하지만 문제는 제구력이었다. 공의 제구가 안 되다보니 빠른 공도 소용이 없었던 것이다.
 나는 신윤호를 지속적으로 지도했다. 그리고 1군 감독 대행을 하면서 신윤호를 1군으로 불러들였다. 이후에 신윤호는 2001년 시즌 15승 18세이브로 멋지게 활약했다. 또 다승, 구원, 승률에서 3관왕을 차지했다.

내가 신윤호에게 손을 댄 것은 거의 없었다. 내가 해야 할 일은 기술적인 부분보다 신윤호를 향한 내 신뢰를 보여주는 일이었다. 잘 살펴보니 그동안 신윤호의 성적이 나빴던 것은 그를 믿어주는 리더가 없었기 때문이었다. 신윤호의 빠르고 묵직한 공을 보고 "던지고 싶은 대로 던져라. 아무도 못 친다" 해 놓고, 막상 경기에서 난타를 당하면 2군으로 내려보냈다. 이 과정이 반복되다보니 신윤호 스스로도 자신을 믿지 못하게 됐다.

나는 신윤호가 아무리 타자들에게 난타를 당해도 바꾸지 않았다. 고개를 푹 숙이고 벤치에 들어오면 "너 고개 숙일 필요 없다"고 말해줬다. 그리고 다음 경기에서 또 신윤호를 썼다. 마운드에 서서 공 하나 실투를 하면 벤치에 앉아 있는 내 눈치를 살피는 것이 느껴졌지만, 그때마다 나는 표정 변화 없이 지켜보기만 했다. 절대로 질책하지 않았다.

그게 다였다. 그리고 시간이 지나면서 신윤호가 변하기 시작했다. 감독의 눈치를 살피는 일이 줄어들면서 매 순간 던지는 공에 집중했다. 집중력이 생기면서 조금씩 제구력이 살아나기 시작했고, 빠른 스피드의 공으로 타자들을 꼼짝 못하게 압도했다.

  내가 한 것은 없었다. 그저 믿어준 것 외에는.

끝끝내 이기는 야구, 그리고 인생

김성근 야구는 까다로워서 재미없다는 말을 많이 듣는다. 이기는 야구만 한다고 비난을 사기도 한다. 나는 아홉 경기 반을 이기고 있어도 피처를 바꾼다. 주위에서 재미가 없다, 독종이다, 승부에만 집착한다는 말이 나온다.

나는 경기에서 점수 차에 신경을 쓰지 않는다. 그건 숫자일 뿐이다. 경기는 전체를 봐야 한다. 한 경기의 처음과 끝이 다가 아니다. 현재 경기에서 리드하고 있는데도 피처를 바꾸는 이유는 지금 던지고 있는 피처를 아껴놔야 하고, 또 이번에 써놔야 하는 피처가 있기 때문이다.

점수 차가 커도 내용이 완전하지 않으면 나는 불만족스럽다. 더 할 수 있었는데 싶다. 더 완전하게 이길 수 있었는데 싶다. 그래서 이기고 있든 지고 있든 끝까지 포기할 수가 없다. 버릴 수 있는 순간이 한순간도 없는 것이다.

나는 이기는 야구가 아니라 지지 않는 야구를 하려고 한다. 지지 않는 야구란 끝끝내 이기는 야구, 끝까지 경기를 버리지 않는 야구를 말한다. 우승보다 더 값진 게 있다. 포기하지 않으면 계속해서 생명력이 살아난다는 사실이다.

야구는 끝날 때까지 끝난 게 아니다. 10-0으로 지고 있다고 경기를 포기해버리면 안 된다. 중요한 것은 10점 안에 막을 수 있는 점수가 얼마였는지다. 10점 내줬으니까 11점, 12점 내주는 게 아니라 악착같이 잡으러 들어가야 한다. 10-0에서 10-3, 10-6이 되면 게임의 흐름이 달라진다. 급기야 상대방의 에이스가 나올 수도 있다. 이렇게 되면 다음 날 나와야 하는 상대방의 베스트 전력이 소모된다.

자신에게 날아오는 공을 잡을 때도 마찬가지다. 왜 자꾸 놓칠까, 잡을 수 있는데 놓치는 이유가 뭘까, 내가 먼저 한계를 정해 놓은 건 아닐까, 계속 고민해야 한다.

프로 야구 선수는 고민하고 생각하면서 몸을 움직여야 한다. 어떤 포지션이든 자기가 하는 플레이에 대한 생각이 정립돼 있어야 한다. 근거가 있어야 한다는 말이다. 근거를 따지면 결과만 가지고 선수를 가르치게 되지 않는다. 생각하는 과정 속에서 선수를 완성시킬 수 있는 것이다. 내가 포수에게 왜 투수 리드를 그런 식으로 했냐고 질책할 때 단순히 안타를 몇 개 맞고 투수 리드를 못 했다는 결과만 가지고 하는 말이 아니다. 생각하지 않고 움직이는 걸 문제 삼는 것이다. '이 정도면 되겠지'라고 생각하는 사람에게는 절대로 다음 기회가 오지 않는다. 실력이 좋은 타자도 마찬가지다. 3할 타자도 마찬가지다. 미스가 있으면 그 이유가 뭔지 생각해야 한다. 3할 타자라고 해서 미스를 전부 흘려보내는 게 아니라 4할 타자가 되려면 어떻게 해야 하는지 계속 생각해야 한다. 나는 선수들에게 말한다.

"너희들 삼진 먹어도 된다.
하지만 그 안에 근거가 있어야 돼."

인생도 마찬가지다. 조금 성장했다고 그 안에서 만족하고, 이미 이겼다고 더 이상 노력하지 않는 사람은 끝끝내 이긴 게 아니다. 단

순히 이겨야 한다고만 생각하면 사람이 작아진다. 이기지 못하면 불쌍한 사람이 돼버린다. 초조함이 생기고 그것이 지는 원인이 된다. 끝끝내 이기려면 완벽한 근거를 가지고 할 수 있을 때까지 노력해야만 가능하다. 나는 야구를 통해 그것을 증명하고 싶다. 그게 아니면 내가 야구 후배들에게 남길 수 있는 게 무엇이 있겠는가.

지옥의 맛을 볼 때까지 연습하는 것은 이겨야 하는 이유가 돼주기 때문이다. 나는 비 오는 날에는 더 혹독하게 연습을 시킨다. 그날의 기억이 포기하고 싶을 만큼 힘들 때 오기를 불러일으키기 때문이다.

2009년 봄 캠프 때 일이다. 호텔 식당에서 아침을 먹고 있었다. 나는 원래 혼자 먹으니까 먹으면서 옆을 둘러보게 됐는데, 중년 부인하고 할머니가 앉아 계셨다. 중년 부인은 모자를 쓰고 있었다. 여행자 같으면 즐거운 표정들일 텐데 의기소침해서 힘이 없었다. 그러다가 중년 부인이 나한테 말을 걸어왔다. SK 사람이냐고 해서 그렇다고 했더니, 어제 우리 아이가 SK 사람한테 가서 볼 하나 받아 왔다고, 감사하다고 인사를 했다. 거기서부터 시작돼서 밥을 먹는 동안 이야기를 나누었는데, 중년 부인이 암 환자라는 걸 알게 됐다.

"야구는 끝날 때까지 끝난 게 아니다.
인생도 마찬가지다.
한순간도 포기하지 않으면
끝끝내 이긴다는 것,
내가 증명할 수 있는 건 그것뿐이다."

그래서 그렇게 아침 식사 분위기가 침울했던 거다.

나도 몇 년 전에 신장암이라는 것을 알고 충격을 받은 적이 있었다. 나는 내가 아팠을 때 무슨 일이 있어도 야구장에 돌아가야겠다, 그 생각 하나밖에 없었다고 말해줬다. 그리고 수술 받고 깨끗해졌다고, 건강해졌다고 말해줬다. 그때 나는 죽으면 어떡하나 그런 생각보다 야구 못하면 어떡하나 그 생각이 먼저 들었다. 그 부인은 학교 선생이라고 해서, 교단에 돌아가겠다는 마음을 가지시라고 했다.

캠프를 마치고 숙소를 떠나는 날, 새벽 4시쯤에 눈이 떠졌다. 나는 그 중년 부인한테 편지를 썼다. 사람은 자기 생각대로 살 수 있다고, 가능하다고, 반드시 암을 이겨낼 수 있다고 썼다. 그러고 나서 가을 캠프 때 보니까 그분이 교단에 섰는데, 참 감격스러웠다.

사람은 마음먹기에 따라 사는 게 다르다. 정말 절실하게 원하면 뛰게 돼 있다. 그만큼 달리게 돼 있다. 세상에 사람으로 태어났으니 힘들고 고달퍼도 그렇게 절실한 마음으로 인생을 살아야지 싶다.

삶에서 두려운 건
비판이 아니라 패배다.

인생의 즐거움 속에 들어가보라.
바깥에서 하는 말은 진짜가 아니다.
비판만 할 뿐이다.
진정한 즐거움을 아는 자가
끝끝내 승리할 수 있다.

내가 가장 좋아하는 길은
야구장 가는 길이다.
앞으로도 나는 그 길 위에서
부딪히며 살아갈 것이다.

그것이 나의 베스트다.

김성근이다
감독으로 말할 수 없었던 못다한 인생 이야기

초판 1쇄 발행 2011년 11월 28일
초판 18쇄 발행 2024년 3월 7일

지은이 김성근
펴낸이 김선식

부사장 김은영
콘텐츠사업본부장 임보윤
콘텐츠사업1팀장 한다혜 **콘텐츠사업1팀** 윤유정, 성기병, 문주연, 조은서
마케팅본부장 권장규 **마케팅2팀** 이고은, 배한진, 양지환 **채널2팀** 권오권
미디어홍보본부장 정명찬 **브랜드관리팀** 안지혜, 오수미, 김은지, 이소영
뉴미디어팀 김민정, 이지은, 홍수경, 서가을, 문윤정, 이예주
크리에이티브팀 임유나, 박지수, 변승주, 김화정, 장세진, 박장미, 박주현
지식교양팀 이수인, 염아라, 석찬미, 김혜원, 백지은
편집관리팀 조세현, 김호주, 백설희 **저작권팀** 한승빈, 이슬, 윤제희
재무관리팀 하미선, 윤이경, 김재경, 이보람, 임혜정
인사총무팀 강미숙, 지석배, 김혜진, 황종원 **제작관리팀** 이소현, 김소영, 김진경, 최완규, 이지우, 박예찬
물류관리팀 김형기, 김선민, 주정훈, 김선진, 한유현, 전태연, 양문현, 이민운

펴낸곳 다산북스 **출판등록** 2005년 12월 23일 제313-2005-00277호
주소 경기도 파주시 회동길 490
전화 02-702-1724 **팩스** 02-703-2219 **이메일** dasanbooks@dasanbooks.com
홈페이지 www.dasan.group **블로그** blog.naver.com/dasan_books

ISBN 978-89-6370-720-4 (13320)

· 책값은 뒤표지에 있습니다.
· 파본은 구입하신 서점에서 교환해드립니다.

다산북스(DASANBOOKS)는 독자 여러분의 책에 관한 아이디어와 원고 투고를 기쁜 마음으로 기다리고 있습니다. 책 출간을 원하는 아이디어가 있으신 분은 다산북스 홈페이지 '투고원고'란으로 간단한 개요와 취지, 연락처 등을 보내주세요. 머뭇거리지 말고 문을 두드리세요.